Le régime iranien
à livre ouvert

Camille Alexandre

Le régime iranien à livre ouvert

Odile Jacob

3, rue Auguste-Comte, 75006 Paris

www.odilejacob.fr

ISBN : 978-2-4150-1391-2

INTRODUCTION

« Depuis quarante ans, tout a été dit sur la République islamique d'Iran, qui est maintenant bien connue des spécialistes »

La République islamique d'Iran existe depuis plus de quarante-cinq ans. On pourrait croire que tout a été dit à son sujet. Et de fait, en France, les textes et documents de toute nature se sont multipliés dès après la Révolution, qui ambitionnaient de, ou prétendaient, rendre compte des réalités de ce pays et de ce nouveau régime, dans l'avènement duquel beaucoup ont voulu voir un Grand Soir dans le contexte de la guerre froide.

Un demi-siècle plus tard, l'Iran est omniprésent dans l'actualité. De fait, l'Iran occupe une position sans équivalent dans la région du Proche et du Moyen-Orient, et cela d'autant plus depuis l'attaque du Hamas du 7 octobre 2023 contre Israël et la montée en tension qui s'ensuit dans la région, et dont on craint qu'elle pourrait largement déborder. Dans ce contexte, tous les regards sont braqués sur l'Iran.

Et ce qu'on constate, c'est que ce pays reste obscur, méconnu. À tout le moins, c'est l'ambiguïté qui règne, selon qu'on évoque l'Iran, la République islamique, ou encore la Perse, un pays dont les diverses appellations suggèrent tantôt un parfum d'exotisme, les roses des jardins d'Ispahan et les philosophes poètes, tantôt une dictature religieuse adepte de la pendaison, dirigée par des clercs à barbe blanche et aux turbans noirs. On lira dans les ouvrages spécialisés tout et son contraire : que l'Iran est une théocratie ou un régime démocratique tout juste imprégné de religieux où le peuple est appelé aux urnes régulièrement ; que le Guide suprême est une autorité morale ou un dangereux despote ; que le Hezbollah est un *proxy* iranien aux ordres ou qu'il est totalement autonome et méprise même les ordres venus d'un Iran qui n'est pas arabe et donc étranger au cœur du dogme de l'islam ; que l'Iran respecte ses engagements nucléaires ou qu'il a aujourd'hui assez de matière nucléaire pour produire plusieurs bombes atomiques ; que l'Iran cherche la bombe depuis vingt ans ou qu'il a interdit les armes nucléaires, et ne saurait donc nourrir l'ambition d'en fabriquer ; que l'Iran cherche la guerre ou qu'il cherche à l'éviter puisqu'il n'a aucun moyen de la gagner.

Au fond, quand on parle de l'Iran, quel que soit le sujet, c'est souvent la confusion qui règne. Signe qui ne trompe pas, pour faire référence à l'Iran, et plus spécifiquement à son régime, on emploie souvent la figure de la métonymie : « les mollahs », « les ayatollahs*[1] », « le régime », « le Guide suprême » ou encore « le croissant chiite », sans qu'on sache bien ce que l'auteur veut dire par là, ni quelles nuances se cachent entre ces termes qui ont pourtant un contenu précis dans l'univers sémantique de la République islamique d'Iran.

Pourquoi cette confusion ?

L'Iran n'est pas un pays totalement fermé. Les tensions actuelles ont amené les autorités françaises à déconseiller formellement tout voyage dans ce pays, mais il y a en France plusieurs spécialistes de l'Iran, qui y ont séjourné, qui connaissent le pays et sa culture.

Son régime en revanche, celui de la République islamique, est méconnu. Même ceux qui continuent à se rendre en Iran n'ont parfois qu'une idée peu précise, voire floue, de ce régime, de son fonctionnement opaque, de sa manière de gérer le dossier nucléaire et de l'influence qu'il déploie dans la région. Ce qu'on entend, ce

1. Les termes marqués d'un astérisque sont explicités dans le glossaire en fin d'ouvrage.

sont souvent des idées reçues. Et c'est à force de lire de telles idées dans les livres et dans les journaux, de les voir exposées dans les médias, qu'est né le projet de ce livre.

Ce livre vise à déconstruire certaines idées reçues et même souvent fausses qui circulent dans les médias et parmi certains commentateurs sur l'Iran, mais avant tout sur le régime de la République islamique d'Iran. Il s'agit de faire appel aux faits précis, tout en replaçant les choses dans leur contexte historique et politique, de puiser dans les ressources en langue persane et en langue arabe pour ce qui concerne la liturgie, sans laquelle on ne peut comprendre les aspects fondamentaux du khomeynisme et l'influence iranienne dans les pays arabes de la région.

Nous examinerons trente idées reçues déconstruites, regroupées selon trois thématiques : les fondements et le fonctionnement institutionnel du régime de la République islamique, la crise nucléaire iranienne et la politique étrangère de l'Iran (y compris les suites de l'attaque du Hamas du 7 octobre 2023). Ni étude universitaire ni pamphlet, ce travail ambitionne d'allier rigueur et vulgarisation, et se donne pour objectif de rétablir une certaine véracité des faits et une vision de l'Iran correspondant à la réalité d'aujourd'hui.

Dans cette optique, si ce livre parvient à constituer en même temps une première approche satisfaisante pour les néophytes et un précis rigoureux pour ceux qui connaissent déjà le sujet, l'auteur considérera avoir accompli sa mission.

Après le 7-Octobre, et alors que le dossier nucléaire revient au-devant de la scène de manière plus urgente que jamais, il a paru nécessaire de combler le déficit de compréhension du fonctionnement du régime de la République islamique. Le format « idées reçues » est apparu avec évidence comme le plus indiqué pour déployer un effort tant de rigueur que de pédagogie.

PREMIÈRE PARTIE

Le régime de la République islamique : fondements, système institutionnel et fonctionnement

CHAPITRE 1

« La Révolution de 1979 n'est pas qu'islamique, c'est un vaste mouvement populaire contre le Shah »

Avant d'étudier la nature du régime de la République islamique et son fonctionnement, il est utile de se pencher sur les conditions de son avènement, et donc sur la Révolution qui a mis fin au régime monarchique du Shah et sur les courants qui ont sous-tendu le mouvement conduisant à cette Révolution. Apogée d'une période de troubles qui fédèrent les mécontentements, ce qu'on appelle « Révolution islamique d'Iran », qui aboutit au retour triomphal de l'imam* Khomeiny à Téhéran le 1er février 1979, consiste en la prise de pouvoir par l'ayatollah Khomeiny suivie de la confiscation islamiste de la contestation. Écartant les autres opposants au Shah qui étaient jusqu'alors ses compagnons de route, l'imam a la voie libre pour mettre en œuvre son projet de réaction à la modernité et d'islamisation de la société et des mœurs.

Les ferments révolutionnaires : convergence dans le rejet du Shah, primauté du rejet de la modernité occidentale, solution islamique

Le mouvement révolutionnaire qui s'étend en Iran au cours de l'année 1978 et aboutit à la Révolution islamique de février 1979 est fondé sur le rejet du Shah et de son régime, mais aussi, plus largement, sur le rejet de la modernité occidentale, le régime du Shah étant perçu comme un vecteur d'infiltration de l'Occident dans la société iranienne.

Les fondements idéologiques de ce rejet trouvent leurs racines dans plusieurs courants de pensée qui convergent dans les années 1970, mais deux auteurs iraniens portent spécifiquement ces courants idéologiques. Tous deux ont été proches des révolutionnaires, tous deux placent l'islam au cœur de leurs préoccupations sociétales, et tous deux ont forgé des concepts et un mode de pensée qui seront repris par le régime naissant : le philosophe et sociologue Ali Shariati et l'écrivain Jalâl Al-e Ahmad.

Proche de la gauche internationaliste, et notamment de Sartre qu'il a rencontré lors d'un séjour en France, Shariati réalise une synthèse théorique entre islam chiite et marxisme. Il reprend plus spécifiquement les aspects qui sont au cœur de la théologie du « chiisme duodécimain* », qu'il érige en modèle de société et de valeur humaine. Il théorise la similarité entre le statut d'opprimés des musulmans chiites face aux oppresseurs impérialistes et colonialistes et celui des prolétaires face aux oppresseurs capitalistes. Shariati estime, d'une part, que l'identité de l'Iran est proprement islamique et que son histoire commence avec l'islam, qui fait émerger son identité. D'autre part, il considère que, autant que l'essence de l'islam est politique, la véritable essence du chiisme ne saurait être que révolutionnaire, en ce qu'elle est une pensée de la révolte de l'opprimé contre l'oppresseur, symbolisée par la figure du martyr* Hossein, troisième imam du chiisme massacré avec ses compagnons à Karbala par les troupes du calife* omeyyade Yazid en 680. Dans le même temps, Shariati fustige le clergé chiite tel qu'il s'est constitué au cours de l'histoire, selon lui en contradiction avec l'esprit de sacrifice originel de Hossein. Pour Shariati, dans son essence eschatologique même, le chiisme est une révolution permanente des opprimés contre les tyrans.

Dans les années qui précèdent la Révolution (Shariati décède en 1977, deux ans avant la chute du Shah), la pensée de Shariati est récupérée par les ayatollahs. Ils lui offrent une tribune efficace en lui ouvrant les portes de la *hosseiniye** (lieu où sont organisées les commémorations du martyre de Hossein) Ershad de Téhéran, où il devient un conférencier de talent dont les cours sont prisés, notamment parmi les jeunes. Une fois au pouvoir, le clergé iranien ne gardera de Shariati que l'éloge de l'islam politique et du martyr, et occultera les aspects marxisants de sa pensée, mais Shariati aura marqué la pensée révolutionnaire d'une empreinte forte, en premier lieu dans les consciences des jeunes révolutionnaires qui battent le pavé face aux forces de l'ordre du régime du Shah. La pensée de Shariati sera aussi la matrice de la réactivation de la figure du martyr, qui, de modèle théologique hors d'atteinte, devient une figure à imiter socialement, phénomène social porté à son paroxysme lors de la guerre Iran-Iraq et qui reste structurant de nos jours dans l'idéal de socialisation que porte et promeut la République islamique.

Autre penseur majeur de la période prérévolutionnaire, l'écrivain de gauche Al-e Ahmad fustige les élites du régime monarchique qui, selon lui, corrompent l'âme de l'Iran en suivant aveuglément la modernité occidentale, qu'il estime contraire aux valeurs islamiques, et donc au génie iranien, qui est pour lui avant tout caractérisé par son aspect musulman. Il est selon lui urgent de faire acte de revivification, et pour cela, la société iranienne doit résolument tourner le dos à la forme de modernité qu'incarne l'Occident pour épouser à nouveau son génie propre, un génie proprement islamique.

Il théorise la « maladie de l'Occident », *gharbzâdegi**, traduit classiquement par « occidentalite », mal qui ronge la société iranienne, et dont il faut se débarrasser par une lutte politique et culturelle contre l'« infiltration » (*nofouz**) de l'élément étranger. L'occidentalite est un concept promis à une grande postérité tout au long du régime de la République islamique et qui reste structurant jusqu'à nos jours dans la rhétorique du Guide suprême.

Ces deux auteurs développent leur pensée à un moment où les thèses de l'islam politique prennent leur essor dans tout le monde musulman et se radicalisent. En particulier, la pensée de Sayyid Qutb est un ferment important de la Révolution iranienne. Qutb pose les fondements religieux dont se réclameront les franges les plus radicales de l'islamisme politique, notamment le djihadisme. Cette filiation concerne aussi l'islamisme chiite, et en premier lieu le khomeynisme. Membre des Frères musulmans, confrérie fondée en Égypte en 1928, Sayyid Qutb se démarque de son mouvement, et notamment de l'aile qui prône la participation au jeu électoral démocratique visant à prendre le pouvoir, pour se faire le chantre d'une radicalisation de la lutte visant à faire advenir une société purifiée et conforme aux préceptes de l'islam des pieux compagnons du Prophète. Pour y parvenir, Qutb théorise le recours à la violence en dépoussiérant l'œuvre d'un théoricien obscurantiste du XIVe siècle, Ibn Taymiyya, qui deviendra la référence religieuse des mouvements djihadistes. Qutb est condamné à mort et pendu par Nasser en 1966, mais son œuvre devient la référence des mouvements les plus violents de l'islam politique. En Iran, son œuvre sera importée et traduite en persan par l'actuel Guide suprême Ali Khamenei. Ensuite, à la fin des années 1960 et jusqu'à la Révolution, l'entourage de Khomeiny fera le lien entre le clergé iranien et les Frères musulmans du monde arabe les plus radicaux.

Dès l'origine, et dans la lignée de ces courants de pensée, les courants majoritaires de la Révolution iranienne ne visent pas seulement à abattre le régime du Shah. Ils visent le Shah lui-même, en ce qu'il symbolise l'impiété et l'infiltration de la modernité et de l'Occident. La Révolution n'est pas seulement politique et ne consiste pas uniquement en un changement de régime : c'est une révolution de civilisation contre l'impiété. Elle doit ouvrir la voie à une purification de la société par rapport à l'Occident, que cet Occident soit impérialiste, chez Shariati, qu'il soit une maladie contaminant la société, chez Al-e Ahmad, ou encore qu'il soit la cible à abattre pour rétablir une société salafiste, chez Qutb et ses émules.

Le clergé khomeyniste au pouvoir : confiscation de la Révolution et liquidation des oppositions

C'est dans ce contexte idéologique que l'ayatollah Khomeiny prend la tête de la contestation contre le Shah et le régime monarchique. Il fédère autour de lui tous les courants se réclamant d'une volonté de faire tomber le régime du Shah, y compris les démocrates et les plus libéraux, dont la plupart voient en l'islam une solution à la décadence du pays. C'est le paradoxe : les démocrates et même les libéraux ne sont pas nécessairement anticléricaux, et la majorité des courants démocrates souhaitent ménager une place de choix à l'islam après des décennies de pahlavisme. Un Mehdi Bazargan par exemple, leader du Front national, qui se revendique comme héritier de la grande figure nationaliste de Mossadegh et qui deviendra le premier chef de gouvernement de Khomeiny, sera un pilier du soutien à l'instauration d'une République islamique, en insistant certes davantage sur l'aspect républicain que sur l'aspect islamique du régime à instaurer.

Or, ce sont précisément ces courants, nationalistes et laïcisants, qui seront écartés puis liquidés par la République islamique. Le nouveau régime procède à une confiscation de la Révolution à son profit et à une institutionnalisation de l'islam politique, parallèle à un investissement par le clergé de toutes les positions stratégiques au sein des institutions de l'État.

Après les purges, la guerre Iran-Iraq aura contribué à consolider le peuple iranien derrière son nouveau régime, mais la monopolisation du pouvoir par le clergé démarre bien avant la guerre. L'attentat contre le Parti de la République islamique*, fomenté par les Moudjahidines du peuple* et qui décapite la haute hiérarchie du clergé républicain, fournit à Khomeiny l'occasion de procéder à ces purges, qui seront menées par le moyen de procès expéditifs devant les tribunaux révolutionnaires et par des exécutions extrajudiciaires d'opposants, y compris des clercs en désaccord avec le khomeynisme.

Ces purges se poursuivent tout au long de l'histoire du régime, avec en point d'orgue, à la fin de la guerre en 1988, l'élimination en prison, ordonnée par Khomeiny, de la plupart des Moudjahidines qui purgeaient déjà leur peine et devaient pour beaucoup sortir de prison sous peu.

Soutiens de la première heure de la Révolution et fers de lance opérationnels en tant que groupuscule armé et entraîné, ils se retournent contre Khomeiny quand celui-ci cherche à étendre son monopole sur le nouveau régime. Ils prennent parti pour l'Iraq durant la guerre, estimant que leur pays est occupé par une République islamique dont ils ne reconnaissent pas la légitimité. À la fin de la guerre, ils lancent une tentative désespérée d'invasion du territoire iranien, qui échoue et fournit à Khomeiny le prétexte pour ordonner les purges en prison. On estime à plusieurs milliers les individus pendus ou fusillés. Mais les Moudjahidines qui sont restés en Iraq puis ont choisi la voie de l'exil sont toujours considérés comme une menace existentielle pesant sur le régime né de la Révolution. Ils sont traqués à l'étranger et visés par des opérations clandestines de neutralisation.

Le nouveau régime fait également face, dès avant la guerre Iran-Iraq, à l'opposition des courants ethno-confessionnels qui contestent la mainmise du clergé ou profitent du chaos révolutionnaire pour faire avancer un agenda séparatiste. C'est le cas au Kurdistan, au Sistan-Baloutchistan et dans les régions turkmènes à la frontière avec l'Union soviétique.

L'élimination de l'opposition kurde démocratique est un moment fondateur pour le régime, et notamment pour les Gardiens de la Révolution, qui sont en première ligne. Durant la guerre avec l'Iraq, les Kurdes iraniens sont contraints de franchir la frontière et de poursuivre leur lutte depuis l'Iraq voisin. Leur insurrection échouera, mais ils conservent des bases militaires en territoire irakien qui laissent planer une menace qui restera prégnante aux yeux du régime encore aujourd'hui.

Enfin, l'aile du clergé hostile au khomeynisme est à son tour neutralisée. Plusieurs événements l'expliquent : d'abord la mort, seulement quelques mois après la victoire de la Révolution, de l'ayatollah Shariatmâdari, clerc modéré et principal rival de l'ayatollah Khomeiny ; puis la disparition de tout un pan des dignitaires du régime dans l'attentat contre le Parti de la République islamique qui décapite une grande partie des hauts dignitaires, dont l'ayatollah Beheshti, soucieux de progressisme social ; enfin Khomeiny lui-même finit par écarter celui qu'il avait pourtant désigné comme dauphin, l'ayatollah Montazeri, quand ce dernier prend ses distances avec le nouveau régime et critique publiquement le musellement des libertés.

Khomeiny écarte aussi ses soutiens hors du clergé. Qotbzâdeh, compagnon de route des mois d'exil à Neauphle-le-Château, est accusé de comploter contre le nouveau régime et exécuté. Bazargan, premier chef de gouvernement de Khomeiny qui rêvait de revivifier le mossadeghisme laïc, est écarté après quelques mois, de même qu'Abolhassan Bani-Sadr, premier président élu de la République, qui commet l'erreur de s'allier aux Moudjahidines pour donner corps à son rêve de socialisme à visage humain, et qui est contraint à l'exil en France un an après son élection.

Au total, si les aspirations démocratiques sont bien à la base de l'élan révolutionnaire, les courants qui sont porteurs de ces aspirations sont rapidement évincés puis neutralisés par la force, au profit des seules forces khomeynistes. Le clergé militant neutralise ses alliés révolutionnaires et établit un monopole du pouvoir et des nouvelles institutions, lui permettant d'affirmer le caractère islamique du nouveau régime aux dépens de toute opposition démocratique au Shah, et ouvrant la voie au projet de civilisation théorisé en exil par Khomeiny : l'islamisation de la société.

Le khomeynisme en actes : l'islamisation des normes sociales avant même l'instauration du nouveau régime

Le projet khomeyniste est celui d'une purification morale de la société et de l'homme par un islam revivifié. Il passe par l'instauration du seul gouvernement capable de garantir cette pureté : le gouvernement dit islamique.

Dès son exil à Neauphle-le-Château, Khomeiny ne cache pas sa volonté de revenir à un état de pureté de la société, qu'il juge corrompue par les mœurs occidentales. Il y a une dichotomie évidente entre, d'une part, le discours qu'il tient aux Occidentaux, qui se fourvoient en le prenant pour un pacifiste et pour une sorte d'autorité morale qui se contenterait, après son retour en Iran, d'exercer un magistère, et, d'autre part, la réalité de son projet, qu'il présente dans les cassettes audio enregistrées en France et diffusées sous le manteau en Iran, où apparaît explicitement cette notion de purification de la société. Mais, avant même l'exil à Neauphle, le projet khomeyniste est exposé avec clarté dans les discours et les écrits produits par Khomeiny durant son séminaire à Qom, puis pendant son exil irakien : il y théorise la souveraineté de Dieu, le gouvernement islamique et le pouvoir absolu de la *velâyat-e-faqih**.

Khomeiny passe des écrits à l'action en prenant la tête de la contestation contre le vaste programme modernisateur mené de manière autoritaire par le Shah à partir de 1963, connu sous le nom de « révolution blanche » (*enqelâb-e-sefid**). Ce programme de réformes sans précédent prévoyait trois chantiers majeurs de modernisation de la société iranienne : une réforme agraire, l'établissement d'une « armée du savoir » (*sepâh-e-dânesh**) ayant pour mission de parcourir les campagnes pour les alphabétiser, et le rehaussement des droits des femmes, avec la fin de l'application du droit coutumier dans une partie de la vie civile. Ces trois axes modernisateurs portent atteinte aux intérêts du clergé chiite : la réforme agraire menace la propriété foncière, de nombreux clercs étant propriétaires, pour eux-mêmes ou *via* les fondations de mainmorte (*waqf**), de terres dans les campagnes, qu'ils se voient confisquer et redistribuer aux paysans ; la prise en main par l'État de l'alphabétisation dessaisit le clergé du monopole séculaire qu'il détient dans l'enseignement en milieu rural, oblitérant sa capacité à diffuser par ce biais les valeurs traditionnelles et patriarcales qui garantit la perpétuation de son ascendant sur la société ; enfin le renforcement des droits des femmes heurte la prétention du clergé à maintenir son ascendant sur les corps et les destinées des femmes, maintenues dans un statut inférieur *via* l'application d'un arsenal juridique d'inspiration patriarcale, et ce malgré les avancées enregistrées depuis l'avènement de la dynastie Pahlavi.

L'opposition à la modernité dont est porteuse la révolution blanche du Shah est au fondement de l'engagement politique de Khomeiny. Alors qu'il était jusque-là un simple théologien titulaire de la chaire de philosophie mystique à la faculté de théologie, celui-ci commence à multiplier les sermons contre le Shah depuis la ville sainte de Qom, se positionnant non seulement en censeur moral de la politique menée, mais de plus en plus en opposant politique, qui finira par appeler ouvertement au renversement du monarque.

Immédiatement après son retour en Iran, avant même la proclamation du nouveau régime, et alors que les débats sur la nouvelle Constitution se poursuivent, Khomeiny met en œuvre sa volonté de redressement de la société par l'islamisation. Khomeiny favorise l'établissement des *komiteh**, associations de quartier souvent rattachées aux mosquées locales, armées, et qui assurent l'ordre localement. L'ordre qu'ils imposent est autant public que moral : avant même l'avènement du nouveau régime, ils répriment les troubles à l'ordre public afin de sauvegarder la Révolution dans son aspect idéologique et de mater toute velléité d'opposition de la part des autres forces révolutionnaires organisées. Mais ils font aussi régner leur conception de l'ordre moral, en réprimant les comportements jugés inappropriés dans l'espace public, en inaugurant la pratique consistant à frapper les femmes récalcitrantes (*rousari yâ tousari* : le foulard ou le bâton) et en procédant à des saisies massives d'alcool et à la destruction des stocks au cours d'immenses autodafés publics.

Un pas structurant est franchi avec l'obligation du port du *hedjâb**, qui est imposée progressivement. Dès son retour à Téhéran, Khomeiny l'impose dans l'administration, déclarant dans un de ses tout premiers discours que les femmes fonctionnaires de la monarchie étaient « nues » dans les bureaux, les assimilant à des « prostituées ». Le *hedjâb*, simple morceau de tissu qui doit être posé sur la tête afin de couvrir les cheveux, laisse ensuite la place au *maghnâ'e**, vêtement plus strict conçu pour ne laisser paraître que les traits du visage. Puis, le port du *hedjâb* est imposé aussi dans la rue et dans tous les lieux publics, malgré l'opposition d'une large frange de la population et même de certains mouvements ralliés au khomeynisme, comme les nationalistes laïcs. Le respect du port du vêtement féminin est imposé par la force, *via* l'action d'une police instituée expressément, et de plus en plus systématiquement durant la guerre Iran-Iraq.

Cette prescription nouvelle, conçue dans l'esprit des dignitaires du régime comme découlant directement du Coran, est imposée les premières années sans aucun fondement réglementaire. Le respect de l'obligation du port du *hedjâb* est assuré par les *komiteh*, qui usent de la violence à l'encontre des femmes récalcitrantes, au nom de la promotion de la vertu, qui ne se conçoit qu'islamique. Dès le 8 mars 1979, première célébration de la Journée internationale des droits de la femme depuis la Révolution, les femmes manifestent massivement contre cette obligation du port du voile. La violence d'État étouffera leurs revendications, érigeant au fil du temps le voile en symbole de l'oppression, tant islamique que patriarcale.

Après les premiers mois d'euphorie, le réveil est douloureux pour les opposants démocratiques au Shah. L'opposition laïque et démocratique, y compris celle qui faisait une place à la religion comme référent moral, après avoir été un compagnon de route des révolutionnaires, a été écartée sans ménagement, et parfois par l'utilisation brutale de la force. L'ancien régime a laissé place à un régime islamique, conçu et revendiqué comme tel, qui impose un ordre nouveau dicté directement par Dieu, seul souverain dans le khomeynisme, et maintenu par la violence – celle de la loi mais aussi celle des milices. Les purges violentes, puis l'éclatement de la guerre Iran-Iraq obligent de nombreux mouvements d'opposants à mettre en sourdine leurs revendications au nom de la « défense sacrée » (*defâ ye moqaddas**) du territoire. Le régime en profite pour solidifier son ancrage. Mais les espoirs déçus sont évidents dès le départ, en premier lieu chez les intellectuels libéraux, qui continueront à faire l'objet de purges.

Pour aller plus loin

• Ervand Abrahamian, *Iran between Two Revolutions*, Princeton University Press, 1982.
• Hamid Dabashi, *Theology of Discontent*, Transaction, 2006.
• Nikki Keddie, *Modern Iran : Roots and Results of Revolution*, Yale University Press, 2006.
• Farhad Khosrokhavar, *L'Utopie sacrifiée*, Presses de Sciences Po, 1993.
• Yann Richard, *L'Iran de 1800 à nos jours*, Flammarion, 2009.

CHAPITRE 2

« L'Iran n'est pas vraiment une théocratie »

Dix jours après son retour à Téhéran, le 11 février 1979, Khomeiny proclame la République islamique, expression inédite et oxymore qui laisse poindre les contradictions entre la chose publique et la primauté de l'islam dans sa version islamiste et rigoriste qui est au cœur du khomeynisme. Avant même l'adoption d'une nouvelle Constitution pour le pays, Khomeiny met en œuvre son projet de moralisation de la société en islamisant l'État et les institutions, mais aussi les normes sociales.

La souveraineté de Dieu

Khomeiny a fait mûrir son projet de République islamique durant ses quatorze années d'exil, ponctuées de sermons qui lui valent sa notoriété et le posent progressivement en opposant majeur au régime du Shah. Le projet khomeyniste est exposé dans son ouvrage *Le Gouvernement islamique* (*Hokūmat-e Eslāmī*), où il élabore et théorise notamment la doctrine de la *velâyat-e-faqih*, qui deviendra le cœur du pouvoir dans le régime de la République islamique.

Pour Khomeiny, l'islam est d'essence politique. Il va même jusqu'à affirmer que nier le caractère éminemment politique de l'islam, c'est méconnaître cette religion sur le plan théologique et commettre une faute en tant que croyant. C'est le soubassement de toute sa doctrine. L'islam est une règle de vie qui a été donnée par Dieu aux hommes, afin qu'ils puissent se gouverner et régler les rapports sociaux ainsi que ceux avec le monde extérieur, mais c'est aussi une règle qui est en soi parfaite, et qui donc doit être suivie par tous les hommes. À cette fin, l'islam est aussi un instrument de conquête, outil de l'extension de la loi parfaite à tous les hommes.

Dans *Le Gouvernement islamique*, Khomeiny théorise que toute souveraineté ne saurait émaner que de Dieu. Il n'existe dans son esprit ni souveraineté du peuple, ni souveraineté de la nation, ni même aucun pouvoir légitime s'il ne dérive pas de la seule source de toute souveraineté, Dieu. Khomeiny ajoute que son projet est de revenir aux temps purs de l'islam, seuls temps où le gouvernement était selon lui authentiquement islamique, c'est-à-dire exercé non pas au nom de Dieu, mais par Dieu lui-même par l'intermédiaire de son *vali** (terme qu'on peut traduire par « vicaire », cf. *infra*).

Pour Khomeiny, seuls deux gouvernements respectent historiquement le critère de la souveraineté de Dieu : celui du Prophète (*nabi**), qui a guidé la première communauté musulmane de son vivant, et celui d'Ali, premier imam, sanctifié par les chiites comme le *vali* de Dieu et le seul successeur légitime du Prophète, et dont le règne éphémère (il a aussi été le quatrième calife de l'islam, et est à ce titre reconnu par les courants sunnites) est considéré comme un règne de justice et d'équité. Le projet de Khomeiny est celui d'un retour à cette pureté originelle, non pas celle des salafistes dont la prédication prend son essor de manière contemporaine à la Révolution iranienne, mais mieux : le retour à l'âge d'or du Prophète et de son *vali*, Ali, les deux seuls détenteurs légitimes de tout pouvoir politique dans toute l'histoire humaine.

Rentré en Iran, Khomeiny met à exécution ce projet et proclame la République islamique. Une nouvelle Constitution, destinée à remplacer celle de 1906 qui était en vigueur, est préparée et soumise à référendum. Ce texte est structurant à deux titres : il contextualise la

Révolution en la plaçant dans un horizon eschatologique, et institue la doctrine de la *velâyat-e-faqih* comme source du pouvoir dans la République ainsi instituée.

La velâyat

Ce concept de *velâyat* est la clé de compréhension du chiisme et du caractère révolutionnaire du khomeynisme, en tant que doctrine politique mais aussi en tant qu'eschatologie.

Le terme *velâyat-e-faqih* associe deux mots qui sont jusqu'alors antinomiques dans les courants dominants de la théologie chiite. La *velâyat* est l'exercice de l'attribut de *vali*, littéralement l'« ami » ou le « proche », terme qu'on peut traduire par « vicaire » ou « lieutenant de Dieu », mais avec en sus une nuance de proximité ésotérique et d'intimité (Ali est d'ailleurs le gendre de Mahomet, ils ont été élevés ensemble durant leur jeunesse par leur oncle Abbas).

Le vocable *vali* désigne en arabe quelqu'un de proche, un ami, en qui on a placé sa confiance. Le concept prend dans le chiisme une connotation particulière et centrale du point de vue du dogme. Il désigne en premier lieu Ali, quatrième calife de l'islam et premier imam, dont la tradition chiite rapporte qu'il a été désigné directement par le Prophète quelque peu avant sa mort. Par extension, le terme *vali* désigne ensuite les imams, successeurs d'Ali, jusqu'au douzième d'entre eux, Muhammad al-Mahdi. Le *vali* est caractérisé par l'infaillibilité (*ma'soum**), c'est-à-dire qu'il détient la connaissance du secret de la révélation coranique, non pas en raison de ses fonctions, mais parce qu'elle lui est passée par son prédécesseur, comme un trésor qu'on lègue, et ce depuis la désignation d'Ali par Mahomet. Ainsi, le *vali* ne peut se tromper, et c'est à ce titre qu'il est reconnu par ses pairs comme apte à gouverner les hommes, du point de vue aussi bien temporel que spirituel.

Le terme *vali* ne peut pas être réduit à un équivalent de « calife » (*khalifa*) dans la tradition sunnite, qui en arabe désigne simplement le successeur, celui qui prend à la suite du Prophète la charge de mener la communauté des croyants. Cette charge est double : elle est politique, car le calife est un leader d'une communauté d'hommes et de combattants conquérants, et elle est religieuse, car le calife est le chef de cette communauté de croyants. Or, le terme *vali* prend, en sus, une troisième charge, qui est ésotérique : non seulement le *vali* est le chef des croyants, mais il est aussi le dépositaire du sens caché (*bâtin**), de la révélation. Seul le *vali* possède les clés de compréhension du texte du Coran lui-même, seul le *vali* peut être l'intercesseur entre Dieu et le fidèle.

Cette charge de l'imamat a été passée aux successeurs d'Ali. Toutefois, le principe n'est pas celui d'une succession patrilinéaire, et bien que les imams aient le plus souvent désigné un de leurs fils pour leur succéder, l'imam n'est pas désigné imam pour la seule raison qu'il descendrait d'un imam. Il y a un processus de désignation qui a en soi un caractère ésotérique. C'est le *nass** : l'imam en charge octroie à son récipiendaire, en même temps que la qualité de successeur à l'imamat, les clés de compréhension du Coran, que lui seul possède pour le temps de sa présence au monde. Ainsi, un imam, ou plus largement un *vali*, c'est-à-dire un dépositaire de la *velâyat*, ne peut endosser cette charge qu'à l'issue de ce processus de désignation, qui l'en charge littéralement, par lequel il s'éveille à la connaissance du secret de la révélation coranique, dont il devient le dépositaire et le gardien, et qu'il ne saurait partager avec d'autres durant toute sa vie sur Terre.

À la fin du xe siècle, le douzième imam, Mohammad, entre en occultation*. Il se dérobe à la vue des hommes, sans toutefois que son existence ne cesse. La chaîne de transmission de l'imamat est interrompue et les hommes sont plongés dans l'attente du retour sur Terre de cet imam, dont il est dit qu'il apportera une ère de justice et d'équité. Ainsi, le chiisme duodécimain est une religion du Salut, et le temporel est clairement séparé du spirituel : la rédemption n'est pas de ce monde, elle ne se réalisera qu'à la fin des temps. Mais le règne de cet imam occulté ne s'interrompt pas pour autant : seul lui continue de posséder les clés de compréhension du Coran, seul lui continue de posséder la *velâyat*, l'exercice de l'attribut de *vali*, durant son occultation qui n'est pas une ascension ou une sortie du monde des hommes. Les chiites duodécimains restent encore aujourd'hui sous le règne de cet imam occulté, appelé à revenir pour répandre la justice.

Or, personne ne saurait usurper la fonction d'imam en son nom et place s'il n'a pas été désigné par le *nass*, ni s'attribuer un pouvoir qui ne peut émaner que de la souveraineté de Dieu. Certes, le clergé chiite ne s'est historiquement pas toujours contenté d'un tel quiétisme. Cependant, les clercs chiites ont tout au plus revendiqué la possibilité de guider les fidèles sur des points de doctrine, sans franchir la ligne consistant à s'attribuer le pouvoir politique et le gouvernement des hommes, qui par définition appartient toujours à l'imam caché. Ainsi, les *mojtahed**, qui sont habilités à interpréter de manière autonome les sources de la loi divine, ont acquis un rôle central au cours de l'histoire de l'occultation, mais pas en tant que meneurs de la communauté. Leur rôle consiste à dégager, grâce à leur savoir, des solutions pratiques aux problèmes de la vie quotidienne, dans les domaines notamment des litiges civils et des règles de vie commune. Il s'agit en somme d'administrer les hommes, mais non de les gouverner. Sur cette ligne, la majorité du clergé chiite duodécimain développe ce que l'on appellera une « attitude quiétiste », c'est-à-dire qu'ils ne prennent part à aucun développement politique, et s'en tiennent à une pieuse attente du retour du Mahdi pour venir guider la communauté, tout en prodiguant les conseils qui leur sont réclamés pour gérer les difficultés occasionnées par la vie quotidienne, hors de la sphère politique.

En 1501, la dynastie safavide institue le chiisme comme religion d'État en Iran. Le Shah gouverne en s'appuyant sur le clergé et au nom de Dieu. Mais même une telle innovation politique radicale n'a pas conduit à un changement de paradigme sur le plan théologique. L'objectif des Safavides était éminemment politique : pris en tenailles entre l'Empire ottoman à l'Ouest, protecteur du sunnisme, et les khanats des Ouzbeks à l'Est, qui prétendent ravir ce statut de primauté aux Ottomans, les Safavides ont entrepris de consolider un sentiment identitaire spécifique commun aux terres qu'ils contrôlaient, afin de constituer une entité pouvant rivaliser politiquement face aux Ottomans et aux Ouzbeks. Cet élément identitaire transcendant doit se démarquer des concurrents : ce sera le chiisme, par opposition au sunnisme. Les Safavides ont ainsi conquis des terres considérées comme persanes, notamment en Mésopotamie et dans le Khorasan, en s'appuyant sur la légitimité divine conférée par le chiisme, alors même que la population de l'époque n'avait que peu de liens avec cette doctrine qui passait davantage pour un ferment de rébellion, ou au mieux un ésotérisme, que pour une confession. Toutefois, le clergé reste séparé de la pratique du pouvoir : les clercs y sont associés, mais ne l'exercent pas directement. Cet équilibre s'est maintenu durant le règne de la dynastie des Qadjar*, avec un clergé qui a continué à se mêler de politique en exerçant une sorte de contre-pouvoir et un rôle de vigie du respect par le gouvernement des principes islamiques, mais sans jamais revendiquer l'exercice du pouvoir pour lui-même.

Ainsi, durant toute la période d'occultation, depuis la fin du Xe siècle, même si les clercs ont pu jouer un rôle politique parfois majeur, la *velâyat*, en tant qu'attribut de l'être infaillible désigné pour détenir les secrets de la révélation et gouverner les hommes à cette lumière, n'a jamais été exercée, et aucun *vali* n'a jamais été désigné.

Face à cette continuité historique millénaire, le khomeynisme est porteur d'une rupture systémique.

La doctrine de la velâyat-e-faqih *: la rupture khomeyniste*

La *velâyat-e-faqih*, théorisée par Khomeiny dans son traité sur le gouvernement islamique, est une doctrine qui rompt avec le chiisme originel du point de vue aussi bien théologique qu'historique et politique.

D'abord, l'aspect théologique. Khomeiny innove radicalement en théorisant que, en l'absence du douzième imam occulté, la terre des hommes doit être gouvernée, et non simplement gérée. Pour Khomeiny, celui qui est le mieux placé pour prendre en charge cette *velâyat* en l'absence du Mahdi, c'est le *faqih*, c'est-à-dire le spécialiste du *fiqh*, le droit jurisprudentiel musulman, autrement dit le plus doué des savants musulmans et le plus apte à appréhender les secrets ésotériques du Coran et de la révélation.

Les implications sont majeures. Le clergé n'est plus seulement associé au pouvoir comme il a pu l'être sous les Safavides, il est appelé à prendre le pouvoir et à l'exercer directement. Une telle doctrine contrevient au principe selon lequel la *velâyat* ne peut être passée d'une génération à l'autre que par le *nass*, processus qui permet au dépositaire de la *velâyat* non seulement de choisir son successeur en connaissance de cause – car, étant imprégné de la connaissance absolue, il a la connaissance de qui il doit choisir pour successeur –, mais aussi de passer les secrets à ce successeur. Dans la théorie de Khomeiny, il n'y a plus de désignation par le titulaire de la *velâyat*, ni de possibilité de passer les secrets à ce successeur. La *velâyat* que théorise Khomeiny est donc contradictoire avec le principe même de la *velâyat* telle qu'elle existe depuis Ali. Elle est par ailleurs un affront au douzième imam, actuel *vali*, en ce qu'elle nie l'existence et la continuité de son magistère parmi les hommes durant son occultation (*gheybat*).

Cette conception, totalement hétérodoxe, ne suscite dans un premier temps que peu d'intérêt parmi les clercs, non seulement à Najaf, centre religieux qui tente de se démarquer du chiisme iranien, mais même à Qom, où la théorie de Khomeiny est accueillie fraîchement par les membres les plus éminents du clergé. Certains clercs influents iront jusqu'à qualifier la doctrine de la *velâyat-e-faqih* d'« hérésie » : prétendre à la fonction de *vali*, alors que l'imam caché règne toujours par-delà son occultation, c'est usurper les fonctions de l'imam et c'est aussi usurper la connaissance mystique du secret de la révélation, dont nul ne peut être investi s'il n'a pas été désigné par un infaillible, tenant lui-même son infaillibilité de son prédécesseur. En somme, la *velâyat-e-faqih* serait en contradiction totale avec le cœur du chiisme et ce qui le caractérise au plus profond : le dogme de l'infaillibilité de l'imam.

La *velâyat-e-faqih* prend dans la Constitution de la République islamique la place centrale. La *velâyat* est la source unique de l'exercice de la souveraineté, qui n'existe qu'en Dieu. Et la *velâyat* est confiée au Guide suprême. Tout le reste en découle.

L'eschatologie « à l'aube du XVe *siècle de l'Hégire »*

Au-delà du cœur du pouvoir, le préambule de la Constitution de la République islamique contextualise la révolution et l'avènement de la *velâyat-e-faqih* en les replaçant dans une eschatologie islamique, dans laquelle disparaît toute visée démocratique portée par les autres courants, communistes et laïcs notamment, qui ont été pour un temps les compagnons de route révolutionnaires du clergé. La Constitution présente la Révolution comme un événement proprement et exclusivement islamique, qui apporte sa lumière au monde et est à ce titre un tournant de l'histoire de l'humanité.

Le contexte est décrit comme doublement ontologique. D'une part, la Révolution est inscrite dans l'histoire de la révélation prophétique. Elle advient « à l'aube du XVe siècle de l'Hégire » et est instituée comme un moment de réalisation de la prophétie coranique selon laquelle les déshérités et les opprimés prendront leur revanche. L'avènement de la Révolution est ainsi qualifié comme une étape de la réalisation de la prophétie coranique. D'autre part, la Révolution permet la mise en place de la République islamique, dont il est spécifié qu'elle est un vecteur de la justice du peuple, à l'intérieur et à l'international. C'est donc aussi une étape de la conquête musulmane du monde, qui est présentée comme un objectif fondamental du régime, exposé aussi en préambule du texte constitutionnel.

C'est la *velâyat-e-faqih* qui permettra de faire advenir cette ère de justice et de conquête et de mettre en pratique partout où cela est possible le principe du gouvernement islamique.

Cela explique d'ailleurs pourquoi le concept khomeyniste s'inscrit dans la philosophie islamique, et non strictement chiite. Ainsi, celui à qui revient la *velâyat* (concept qui se trouve exclusivement en milieu chiite) est le *faqih*, le docteur de la loi, un concept que l'on trouve dans tout l'islam, et non le *marja'** ou l'ayatollah, qui désignent les rangs les plus élevés propres au clergé chiite et que l'on ne trouve pas ailleurs. Ainsi, Khomeiny se place d'emblée dans une perspective de leader de l'ensemble de la communauté des musulmans, et non seulement de successeur de l'imam précédent. Khomeiny aspire à faire advenir une nouvelle ère, où les titulatures du califat ou de l'imamat n'importent plus : ce qui importe est le mouvement révolutionnaire, qui transcende tout, et ce mouvement est actionné et poursuivi par le guide suprême de la Révolution islamique, détenteur de la *velâyat*.

Pour aller plus loin

- Mohammad Ali Amir-Moezzi, *Qu'est-ce que le shî'isme ?*, Lexio, 2014.
- Said Amir Arjomand, *The Turban for the Crown*, Oxford University Press, 1988.
- Wilfried Buchta, *Who Rules Iran ?*, Washington Institute, 2000.
- Mohsen Kadivar, *Hokumat-e Velayi*, 1998.

CHAPITRE 3

« Le système politique iranien allie légitimité théocratique et légitimité démocratique »

Un système islamique totalisant

Une Constitution pour la nouvelle République islamique est rédigée par les proches de Khomeiny dès les années d'exil à Neauphle-le-Château. Les premiers projets donnent d'abord des gages aux forces laïques et libérales, encore alliées à Khomeiny durant les premiers mois de la Révolution. Toutefois, le temps passant et Khomeiny faisant valoir ses vues sur les projets qui lui sont soumis, le texte constitutionnel s'approche de la conception du pouvoir telle que Khomeiny l'a théorisée dans sa doctrine de la *velâyat*, dogme qui est finalement incorporé dans le projet final soumis aux électeurs.

L'essentiel du pouvoir, dans le régime institué par cette Constitution, est concentré entre les mains du Guide suprême, en tant que détenteur de la *velâyat*. Dans le même temps, la Constitution met en place des institutions qui font référence à l'aspect républicain du régime et ménage plusieurs voies de recours au peuple, qui n'est pas reconnu comme souverain (il n'y a de souveraineté qu'en Dieu dans le khomeynisme), mais dont le texte constitutionnel acte qu'il peut s'exprimer par le vote et par le référendum dans les domaines déterminés par le texte.

Sont institués : un Parlement, dénommé Assemblée consultative islamique (*Majles-e-choura-ye-eslâmi**), dont les membres sont élus au suffrage universel ; un président de la République (*ra'is-e-jomhouri-ye-eslâmi**) élu lui aussi par le peuple au suffrage universel ; une Assemblée des experts (*majles-e-khobregân**), qui a pour tâche de désigner le Guide suprême et dont les membres sont élus par le peuple parmi les plus hauts juristes et théologiens. S'ajoute à l'édifice électoral l'organisation régulière d'élections municipales.

Toutefois, l'existence d'un système électoral n'a en réalité qu'une valeur d'aménagement dans un système tout entier conçu pour permettre l'exercice de la *velâyat.* Le système a été pensé par Khomeiny comme un tout, qui permet l'exercice de la souveraineté de Dieu par le gouvernement du *vali.* Dans ce système, les élections sont un moyen de perpétuer le régime et la doctrine islamique, qui est par définition transcendante et s'impose absolument. Voter est donc un devoir du croyant – Khomeiny parle de la « gravité » du devoir du peuple – qui, s'il n'est pas rempli, amènera des calamités sur l'humanité. Il n'y a dans l'esprit de Khomeiny aucune espèce de concurrence ni même de séparation entre le règne de la loi islamique et l'expression du peuple. La souveraineté réside tout entière en Dieu, le gouvernement du *faqih* met en œuvre cette souveraineté en l'absence de l'imam caché, au bénéfice du peuple qui s'est massivement soulevé pour obtenir cela, et le peuple continuera par son action à renforcer et à consolider ce régime divin qui doit s'étendre. Rien n'existe politiquement en dehors de ce système, et tout doit concourir à son fonctionnement et à son développement, y compris ce qui est perçu en Occident comme des éléments à caractère démocratique. Comme le proclame la prophétie coranique mise en exergue dans le préambule de la Constitution : les déshérités se sont soulevés et prendront le pouvoir partout – le vote n'est qu'un outil permettant au peuple de poursuivre dans cette voie. Khomeiny résume sa vision par une formule lapidaire durant les débats (par ailleurs verrouillés) sur le texte : « Nous allons détruire les gens qui s'opposent à l'islam avec la même force que nous avons utilisée pour détruire le régime [du Shah]. » C'est dans cette optique qu'est construit l'édifice constitutionnel du régime.

La structure institutionnelle de la République islamique : l'asymétrie au détriment de toute expression du peuple hors des principes islamiques

Le texte constitutionnel institue une asymétrie fondamentale entre les éléments institutionnels relevant de la souveraineté de Dieu et ceux relevant d'une légitimité démocratique. La légitimité démocratique est limitée et strictement encadrée, alors que la légitimité théocratique est absolue.

La légitimité démocratique existe et trouve à s'exprimer par les élections notamment, mais elle est strictement encadrée par des mécanismes expressément institués dans cette optique. Un Conseil des gardiens de la Constitution (*choura-ye-negahbân**, composé de juristes et de clercs, qui ne sont pas élus mais désignés par le Guide suprême) est institué en tant que juge électoral. Il examine les candidatures à toutes les élections, et écarte celles qui s'éloignent des standards islamiques, dont il est seul juge. De nos jours, à chaque élection en République islamique, toute candidature doit passer le filtre de cet examen du Conseil des gardiens de la Constitution. En pratique, c'est ainsi qu'en 1997, après la tenue d'élections – voulues relativement ouvertes par le régime – qui permirent l'élection à la présidence du « réformateur » Khatami, l'intégralité du courant réformateur a été évincée de la scène politique iranienne et un Majles ultraconservateur a été élu durant son mandat. Les élections de 2021 ont été pareillement verrouillées, avec la mise à l'écart de nombreux candidats, même classés comme conservateurs, pour laisser la voie libre à l'élection à la présidence du seul candidat souhaité par la Guidance, Ebrahim Raissi.

Le système institutionnel de la République islamique est par ailleurs conçu pour placer systématiquement toute institution où trouve à s'exprimer le peuple sous la tutelle d'une autre institution similaire mais concurrente, dont le fonctionnement relève non pas de l'élection mais de la nomination. Chaque institution reposant sur une expression démocratique est ainsi doublée par une institution de nature théocratique qui la contrôle et la neutralise le cas échéant. Ainsi, le Parlement est doublé par le Conseil des gardiens de la Constitution, qui a aussi pour rôle d'examiner les lois votées par le Parlement et de les censurer s'il estime qu'elles sont contraires à la Constitution ou à la *chari'a**. Le président de la République, chef de l'État, est doublé par le Guide suprême, à qui il rend compte, et toute l'administration présidentielle est doublée par le bureau de la Guidance.

L'intensification progressive du verrouillage par les instances non élues

Cette asymétrie a été renforcée au fil de l'histoire institutionnelle du régime. Durant les années 1980, les litiges opposant le Parlement et le Conseil des gardiens dans l'interprétation des lois et leur censure se sont multipliés. Pour couper court à ces litiges, Khomeiny a institué un Conseil de discernement de l'intérêt supérieur du régime (*Madjma'-e-tachkhis-e-maslahat-e-nezâm**) qui, en cas de litige entre le Majles et le Conseil des gardiens concernant la censure d'une loi votée, peut être saisi pour trancher entre les deux institutions. Or, le Conseil de discernement est entièrement voué au Guide suprême, qui nomme ses membres et auquel il rapporte exclusivement. Dans les faits, il a toujours été dominé par les clercs les plus conservateurs. Certes, le Conseil de discernement ne tranche pas exclusivement en faveur de la censure au nom de l'islam. Au contraire, il a été institué par Khomeiny dans le but précisément inverse, afin de faire prévaloir la raison d'État quand cela était nécessaire, y compris au détriment des normes islamiques les plus fondamentales, qui doivent s'effacer quand un intérêt supérieur du régime est en jeu. Toutefois, ce Conseil de discernement, au fonctionnement opaque, aux membres non élus et tous soumis à la Guidance, est une institution supplémentaire réduisant l'ampleur des pouvoirs dévolus au Majles, et donc une limite supplémentaire à l'expression de la volonté populaire, en même temps qu'un outil au service du pouvoir absolu du Guide suprême.

Ce verrouillage institutionnel se double d'un verrouillage administratif, assuré par le système des envoyés ou représentants (*namâyande*), qui a acquis une importance majeure au fil du temps. À tous les échelons de la vie administrative, le bureau de la Guidance exerce un pouvoir de contrôle *via* la nomination d'un représentant du Guide suprême, qui est envoyé auprès de toute administration du pays, centrale et locale – ville, région, université, etc. –, y compris auprès du *Sepâh-e-Pâsdârân** (Corps des Gardiens de la Révolution). Véritable légat, qui répond exclusivement au Guide et est en général une personne de confiance (Ali Khamenei a l'habitude de conserver les légats à leur poste une ou plusieurs décennies), il exerce une tutelle directe sur toute la vie administrative dans le pays, dans tous les domaines et dans toutes les provinces. Ce système a été systématisé par Khamenei comme un instrument de contrôle afin d'asseoir son autorité.

Au total, le régime de la République islamique n'est pas un régime dual : l'essentiel du pouvoir est détenu par le Guide suprême, érigé au rang de *vali* de Dieu. En dessous de cet échelon suprême, la dualité n'est qu'apparente, et elle est orchestrée de telle manière que le système puisse placer le curseur où il le souhaite entre l'expression populaire et la nécessité de verrouiller le jeu politique, en neutralisant au besoin toute expression de légitimité démocratique, même si elle provient d'une entité pourtant reconnue et instituée comme pôle d'une expression du peuple par le texte fondamental du régime. Au total, il existe une certaine légitimité d'essence démocratique, mais elle ne trouve à s'exprimer que dans un système conçu pour être verrouillé, et dans lequel la pratique a renforcé l'autorité de la seule institution qui concentre l'essentiel du pouvoir : la Guidance.

Pour aller plus loin

- Ali M. Ansari, *Iran, Islam and Democracy*, Chatham House, 2006.
- Walter Posch (dir.), *Political System of the Islamic Republic of Iran*, SWP, 2020.

CHAPITRE 4

« Il existe une tendance réformatrice en Iran qui est le fer de lance de la libéralisation des mœurs »

Ce que réformateur veut dire

Il existe en Iran un courant politique qu'on qualifie en Occident de « réformateur ». Cette dénomination découle d'une traduction impropre. Le terme persan qui qualifie ce courant, *eslâhtalab**, désigne littéralement « ceux qui demandent (*talab*) une réparation ou des corrections » (*eslâh*, terme persan emprunté à l'arabe, qui dénote l'idée de rendre sain, et dont une traduction occidentale proche pourrait être le *fix* anglais). Une traduction plus conforme pourrait donc être : le courant de ceux « demandant des réparations ».

Dans le lexique de la science politique, ce mot ne renvoie pas au même imaginaire qu'en Occident. Dans le vocabulaire politique iranien, et plus largement islamique, les réformes (*islah, islahat* au pluriel) ne revêtent pas de caractère structurel. Dans l'histoire politique de la région, pour qualifier le moment historique durant lequel l'Empire ottoman s'est largement réformé, un autre vocable a été préféré, celui de *tanzimat*, qui revêt, par rapport à *islah*, un caractère systémique, et renvoie à la nécessité de remanier l'ensemble du système, au moyen de réformes structurelles, visant à faire advenir un système rénové. À l'inverse, les *islahat* visent à préserver le même système, une fois qu'il est réparé.

Dans le monde de l'islam politique, le terme *islah* a d'ailleurs été accaparé par la mouvance *islah* liée aux Frères musulmans, qui prône la réforme sociale dans le but de se rapprocher de l'idéal islamique. Dans cette acception, il ne s'agit pas de réformer le système ou le régime : au contraire, il s'agit de réformer la société pour faire advenir un homme nouveau, un homme islamique, conforme à l'idéal des premiers temps de la révélation.

De fait, en Iran, le courant dit réformateur n'a jamais exigé de réformes en profondeur, et encore moins de changement de régime. Le courant réformateur a déployé sa pensée sans jamais déborder du cadre de la République islamique et du régime institué par la Révolution, qu'elle n'entend en aucune manière remettre en question. C'est une vue de l'esprit qui ne saurait avoir de prise qu'en milieu occidental que de croire que les réformateurs exigent une réforme du système. Les *eslâhtalabân* font simplement le constat que le fonctionnement du régime s'est grippé, qu'il y a une inadéquation entre le système tel qu'il fonctionne et les aspirations du peuple. Cela ne les conduit pas à conclure que ces aspirations doivent être pleinement satisfaites : ils maintiennent qu'elles doivent s'exprimer dans le cadre d'une société islamique, qui reste le référentiel du courant. Ainsi, les *eslâhtalabân*, pour résorber l'inadéquation, prônent la réparation de ce qui ne va pas, pour que le régime revienne à un fonctionnement efficace. Une telle réparation concourt donc à préserver le régime et à le consolider.

Ainsi, les réformateurs iraniens ne sont ni des libéraux ni même des partisans du progrès incrémental vers une société plus libérale. Au contraire, ils sont au fond des conservateurs, au sens où ils sont des partisans du maintien du régime. Cet objectif peut induire l'injection d'une dose d'ouverture ou de libéralisme, pour autant que cela ne mette pas en danger le système ou ne contrevienne pas à son essence.

Fait révélateur, il n'y a pas de clivage insoluble entre les réformateurs et les autres courants politiques iraniens, dans la mesure où tous les courants iraniens se retrouvent dans la nécessité de préserver le régime de la République islamique. Pour citer quelques exemples, le juge Khalkhali, surnommé le « juge qui pend » pour avoir ordonné, supervisé et même parfois mis en œuvre de sa main les exécutions des opposants au nouveau régime, a par la suite publiquement apporté son soutien aux réformateurs et à Khatami. D'ailleurs, Mehdi Karoubi, qui deviendra une des principales figures du mouvement réformateur, a salué publiquement la performance morbide de ce juge qui était un rouage central du système judiciaire des débuts de la République, avec un bilan de centaines de condamnations à mort et de pendaisons, exécutées pour la plupart sous un chef d'inculpation qu'il a lui-même inventé, la « culpabilité évidente » qui permet une condamnation sans aucune instruction, ni procédure contradictoire, ni respect des droits de la défense : un suspect est proclamé coupable s'il est évident qu'il l'est.

La neutralisation du courant dit réformateur

Dans les premières années de la République islamique, la guerre avec l'Iraq justifie les privations au nom de la « défense sacrée » (*defâ ye moqaddas*) du territoire. Après la guerre, puis la disparition de Khomeiny en 1989, s'ouvre une période d'espoir avec l'élection de Rafsandjani à la présidence (1989-1997).

Rafsandjani n'est ni réformateur ni libéral socialement. Issu d'une riche famille de commerçants et à la tête notamment de l'empire de la pistache iranienne cultivée dans son fief de Rafsandjan, il met en œuvre une politique de reconstruction, qui était nécessaire pour relever le pays de la guerre avec l'Iraq et consolider les positions économiques du régime. À cette fin, il instaure un système clientéliste qui profite des privatisations massives des entreprises, alors majoritairement placées sous le giron de la puissance publique. Son mandat favorise l'enrichissement des bazaris*, l'émergence du clientélisme dans le système politique du régime et la consolidation de l'emprise des Gardiens de la Révolution dans le champ économique.

L'arrivée au pouvoir du courant dit réformateur est une réaction aux mandats de Rafsandjani, sur fond de mécontentement face aux dérives du clientélisme et de déception de la jeunesse qui endure les privations depuis la guerre. Les mœurs de la société ont changé et les jeunes se rendent massivement aux urnes pour faire entendre leur voix. Khatami, bien qu'issu du sérail – il figurait déjà parmi les équipes de Khomeiny et était ministre de la Culture du gouvernement précédent –, cristallise les espoirs de la jeunesse grâce à son charisme, à ses propos modérés et ouverts, et à sa jeunesse relative par rapport aux hiérarques vieillissants du régime. En Occident, il est perçu comme le chantre du libéralisme en terre d'islam et le promoteur d'un « dialogue des civilisations » qu'il théorise et appelle de ses vœux, afin de rompre l'isolement international de l'Iran islamique. Son élection porte de nombreux espoirs en Iran comme à l'étranger.

Or, son gouvernement est empêché par l'opposition systématique de la Guidance et de l'ensemble de l'appareil répressif vis-à-vis de toute action qui remettrait en cause les mœurs conservatrices. Il ne s'agit pas seulement de luttes de pouvoir ou entre factions. La ligne réformatrice n'a pas les faveurs de Khamenei car ce dernier, qui se pose en garant de la civilisation islamique, s'oppose à tout ce qui va dans le sens d'une libéralisation, vue comme un cheval de Troie occidental. Or, Khatami ne s'est jamais engagé dans une épreuve de force contre le Guide ou son entourage, et n'a jamais cherché à faire prévaloir les pouvoirs du président de la République, ni à se prévaloir du soutien et des suffrages du peuple. À tel point que les huit années de présidence de Khatami (1997-2005), même si elles sont marquées par un foisonnement d'initiatives issues d'une société civile bouillonnante qui pense son heure venue, sont marquées, à partir de la seconde moitié du second quinquennat, par l'immobilisme, puis carrément par la répression de toute tentative de libéralisation, à laquelle Khatami laisse libre cours.

Ainsi, le pouvoir décide la fermeture administrative des organes de presse les plus libéraux qui avaient vu le jour durant les premiers mois de la présidence de Khatami. Et c'est sous la présidence de

Khatami que le régime perpètre les tueries les plus graves depuis la fin de la guerre. Khatami va jusqu'à fustiger les étudiants, pourtant ses électeurs principaux, quand ils occupent l'université de Téhéran et il apporte sa caution à l'intervention des *bassidji**, qui viennent mater la révolte à coups de matraque. Enfin, 1999 marque le début des assassinats en chaîne d'opposants et d'intellectuels, sans que Khatami n'agisse pour faire cesser ces purges. À la fin de son mandat, il ne reste rien des aspirations réformistes, sinon la frustration exacerbée de la jeunesse iranienne.

L'élection de Mahmoud Ahmadinejad en 2005 peut être lue comme une reprise en main par le pouvoir, mais aussi comme un vote protestataire d'une partie de la société iranienne après l'échec de l'expérience réformatrice : face à l'immobilisme de Khatami, les Iraniens se prononcent pour un nouveau président qui pour la première fois ne vient pas du clergé, n'appartient pas à la génération au pouvoir depuis la Révolution, et qui revendique par ailleurs des origines modestes et une liberté de ton par rapport aux élites traditionnelles du régime. Ahmadinejad affiche un discours populiste et antiélite, ainsi qu'une volonté de changement radical qui tranche avec les « réformes » conçues comme incrémentales par les réformateurs.

Or, le premier mandat d'Ahmadinejad occasionne une répression féroce des libertés publiques et une régression sociale, nourrissant un courant réformateur rasséréné, porté par Mir Hossein Moussavi et Mehdi Karoubi. Ces deux clercs se présentent comme des visages nouveaux alors qu'ils sont tous les deux de vieilles figures du régime : Mir Hossein Moussavi a été Premier ministre du Guide suprême Ali Khamenei quand ce dernier était président de la République sous Khomeiny, et Mehdi Karoubi a assumé les fonctions de président du Parlement à la même période. Ces deux figures surfent à leur tour sur les frustrations de la jeunesse, et promettent que le système s'adaptera à la demande de libéralisation.

Le Mouvement vert* de 2009 constitue le deuxième point d'orgue du mouvement réformateur, avec la contestation massive dans les rues de toutes les grandes villes du pays de la réélection frauduleuse d'Ahmadinejad. La répression s'abat alors sur les manifestants comme sur les leaders du mouvement réformateur, envoyés en prison ou en résidence surveillée. La parenthèse de l'existence d'un courant dit réformateur se ferme en 2009, et tous les réformateurs sont aujourd'hui neutralisés. Khatami est également interdit de propos publics.

Au total, le sentiment s'est largement répandu dans la population que les réformateurs jouent le même jeu que les autres, voire qu'ils constituent un vecteur de perpétuation du régime et un obstacle à l'expression des aspirations du peuple. Les réformateurs sont aujourd'hui honnis d'une partie de la population et notamment de la jeunesse iranienne, non seulement parce que leur bilan au pouvoir en termes de réformes est maigre, mais parce qu'ils sont liés aux plus durs du régime, et désormais considérés comme ses idiots utiles. De fait, lors des manifestations du mouvement Femme, Vie, Liberté*, le slogan « Réformateurs conservateurs, votre jeu est fini » (« *Eslâhtalab osoulgarâ, dige tamoume mâdjerâ* ») figurait parmi les plus entendus.

Khatami, Karoubi, Moussavi, étaient tous des personnalités issues du régime, qui ont accompagné son essor depuis ses premières années, et qui ont participé à tout ce qui est aujourd'hui honni par la jeunesse iranienne, ou s'en sont accommodés : la Révolution, les privations de la guerre Iran-Iraq et la stratégie d'envoi à la mort de la jeunesse du pays sur la ligne de front, le culte du martyr, la répression, notamment étudiante. Le combat « réformateur », déployé à l'intérieur des limites du système par des acteurs qui y appartiennent, fait aujourd'hui figure de lutte d'arrière-garde pour la jeunesse iranienne.

Pour aller plus loin

• Daniel Brumberg, *Reinventing Khomeini*, University of Chicago Press, 2001.

• Farideh Farhi, « The Paradox of the Iranian Reform Movement », *The Iran Primer*, USIP, 2010.
• Mohammad Ali Kadivar, « Authoritarian Elections and Popular Protest in Iran », *Middle East Journal*, 2020.
• Azadeh Kian, *La République islamique d'Iran à l'épreuve du genre*, CNRS Éditions, 2012.

CHAPITRE 5

« La vie politique iranienne est faite d'alternances entre périodes de raidissement et d'ouverture »

Les espoirs suscités par Khatami et Rohani

La République islamique d'Iran a affiché à deux moments de son histoire une volonté résolue de dialogue avec l'Occident : durant les deux présidences de Khatami de 1997 à 2005, puis durant les deux présidences de Rohani de 2013 à 2021.

Khatami est élu à la suite d'une mobilisation sans précédent notamment des étudiants, qui prennent la République islamique à son propre jeu, en décidant d'investir massivement les possibilités offertes par le jeu démocratique encadré par la Constitution du régime. Khatami est ainsi élu sur une promesse de réformes, notamment une plus grande liberté politique.

S'agissant de Rohani, il est élu après dix années de fermeture sous la présidence d'Ahmadinejad, marquée par le Mouvement vert s'opposant à sa réélection frauduleuse, plus grande manifestation populaire de l'histoire du régime, et plus grave répression également. Rohani n'appartient pas aux réformateurs, dont les membres les plus éminents ont été neutralisés par le régime à la suite du Mouvement vert. Il a évolué dans les sphères conservatrices depuis la Révolution et se présente au suffrage en tant que modéré et pragmatique, en affichant une opposition par rapport aux factions les plus dures du régime, notamment les Gardiens de la Révolution qui tenaient le haut du pavé sous la présidence précédente. Après les rodomontades que son prédécesseur vociférait à la face du monde, Rohani propose une nouvelle méthode pour parvenir à la levée des sanctions frappant l'économie iranienne et isolant le pays : la négociation avec l'Occident, qui doit ramener l'Iran dans le concert des nations et porter des fruits en termes économiques, au profit des classes moyennes qui ont massivement voté pour Rohani.

En réalité, ces deux moments sont des parenthèses, qui ont été permises par le régime, alors que les positions du Guide suprême, Khomeiny puis Khamenei, n'ont dans le même temps jamais varié, s'agissant de la défiance à l'égard de l'Occident comme de la nécessité de persévérer dans la voie du perfectionnement d'une société islamique préservée des perversions occidentales.

L'ouverture de Khatami : une posture démentie par les faits

Khatami prône une double ouverture : au sein de la société, il prône une libéralisation contrôlée afin d'apaiser la colère grandissante de la jeunesse ; à l'extérieur, il se fait le chantre du dialogue des civilisations. Le bilan de deux présidences de Khatami est pourtant maigre sur les deux plans.

De fait, dans ses premiers mois de présidence, les initiatives de la société civile se multiplient, en premier lieu la multiplication sans précédent des journaux qui bénéficient d'une relative tolérance. Ces initiatives sont accueillies d'abord avec bienveillance de la part de l'entourage de Khatami, qui ne s'y oppose pas. Toutefois, Khatami laisse se déployer la reprise en main par le régime, qui organise la répression la plus sanglante depuis l'avènement du régime, y compris à l'encontre des étudiants qui avaient massivement voté pour les réformateurs. Quant à l'affichage d'une ouverture vers l'Occident, le dialogue des civilisations théorisé par Khatami est concomitant de la découverte par la communauté internationale de l'existence d'un programme nucléaire secret, la présence d'activités militaires ayant été établie par l'Agence internationale de l'énergie atomique (AIEA) pour la période allant jusqu'en 2003, c'est-à-dire durant le mandat de Khatami.

L'ouverture du mandat Rohani I : un malentendu

Bien qu'il se soit présenté aux élections présidentielles sous l'étiquette de modéré, et avec des marqueurs symboliques, comme la volonté de nommer un gouvernement paritaire (promesse restée sans suite, aucune femme n'ayant été nommée parmi ses ministres), et que l'électorat réformateur se soit massivement tourné vers lui, Rohani n'est pas un réformateur mais un conservateur, comme le montre son parcours dans les sphères du pouvoir durant les vingt années précédentes.

Au fond, l'élection de Rohani est un malentendu à la fois en Occident et en Iran. Cette élection faisait suite à deux mandats du président Ahmadinejad, perçu en Occident comme fermé au dialogue et déterminé à acquérir l'arme nucléaire. Dans ces conditions, l'élection de Rohani a été présentée comme une rupture, et une perspective prometteuse d'ouverture. Et, de fait, des négociations secrètes se sont ouvertes sur le dossier nucléaire avec l'administration Obama dès 2013.

En réalité, son programme n'est pas un programme d'ouverture mais un programme nationaliste : le dialogue avec l'Occident est conçu comme un moyen visant à dépasser la crise nucléaire et ainsi à briser l'isolement économique du pays grâce à la levée des sanctions. Il ne s'agit absolument pas d'abandonner le programme nucléaire, mais d'accepter de le geler durant une période la plus réduite possible, calibrée pour être jugée suffisante par les Occidentaux, et d'en tirer un maximum de contreparties en termes de levée des sanctions, avant de pouvoir reprendre le programme à l'issue de la durée de vie de l'accord. L'objectif de Rohani n'est pas de libéraliser la politique, et encore moins de réformer le régime. Il s'agit au contraire de le sauver en lui donnant de l'oxygène, en œuvrant non pas à un rapprochement avec l'Occident, mais à un règlement de la question nucléaire dans les meilleurs termes possibles pour l'Iran, et qui permette des retombées économiques positives massives.

Le dialogue avec l'Occident et la négociation avec les Américains ne sont qu'une méthode pour parvenir à ce résultat, et ce sous le magistère du Guide suprême, qui fixe au déploiement de cette méthode un cadre restrictif qui ne dévie pas des fondements traditionnels de la méfiance par rapport à l'Occident et à l'Amérique en particulier. Ainsi, parvenir à un accord nucléaire n'est pas un impératif : l'impératif est de lever les sanctions. Dans cet objectif, un accord nucléaire, s'il est *in fine* jugé conforme à l'intérêt du peuple iranien, est considéré à partir du mandat de Rohani comme pouvant entrer dans le champ des possibles, avec toutes les précautions et les garde-fous exigés par les institutions du régime, Guidance et Parlement notamment. Ces derniers laissent Rohani négocier, mais exercent un contrôle strict sur les négociateurs, et surtout revendiquent de détenir en dernier ressort le pouvoir d'approuver ou de rejeter tout accord potentiel.

Rohani II : la répression enterre à nouveau les espoirs d'ouverture

Rohani a été réélu en 2017 sur une promesse de libéralisation politique, mettant parfois en avant des éléments de langage selon lesquels, après l'ouverture économique du premier mandat rendue possible par la conclusion du JCPOA*, le gouvernement allait s'atteler à l'ouverture politique.

Cela ne s'est jamais traduit dans les faits. En réalité, comme dans un remake des présidences de Khatami, le deuxième mandat de Rohani a été le théâtre de manifestations massives et d'une répression parmi les plus dures de l'histoire du régime.

D'abord à l'hiver 2017-2018, des manifestations dénonçant la cherté de la vie et les conditions de travail dans l'industrie pétrolière éclatent en plusieurs points du pays, notamment dans le Sud et le Sud-Ouest pétrolifère, où les manifestations des syndicats, pourtant interdites, vont perdurer plusieurs années de manière sporadique.

Les révoltes et les répressions les plus massives ont lieu en 2019. En novembre (*Aban**), le gouvernement Rohani décide de diminuer drastiquement les subventions sur l'essence, ce qui occasionne un rationnement et une augmentation sans précédent du prix du carburant, touchant de plein fouet les classes les plus pauvres. S'ensuivent des manifestations à Téhéran, progressivement étendues aux autres villes du pays, avec des violences qui gagnent rapidement en intensité.

Autant le Mouvement vert de 2009 portait des revendications politiques et d'ouverture – celles des classes moyennes supérieures et des étudiants –, autant les émeutes de l'hiver 2017 puis celles d'*Aban* en 2019 concernent une tout autre frange de la population, qui est pour une large part celle qui soutient habituellement le régime : les classes des plus pauvres.

La répression qui s'abat fin 2019 est sans précédent dans l'histoire immédiate de la République islamique : le gouvernement organise un black-out total d'Internet, qui dure une semaine à Téhéran et s'étend sur plusieurs semaines dans les régions les plus remuantes comme le Sistan-Baloutchistan. Le Mouvement vert de 2009 avait été marqué par l'utilisation massive (et inédite dans le monde) d'Internet et des réseaux sociaux afin de coordonner le mouvement dans tout le pays et de partager instantanément les images de la révolte pour attiser le sentiment de colère. Le régime a retenu la leçon, et le black-out organisé d'Internet rend la répression d'autant plus aisée que les manifestations sont empêchées de se déployer et de se coordonner. Ce black-out est rendu possible par la mise en place, après le Mouvement vert et sous Rohani, d'une structure qui verrouille l'Internet national : l'Internet iranien a été conçu pour n'avoir qu'un nombre très limité de points d'entrée et de sortie vers le reste de l'Internet mondial, sur le modèle de l'Internet chinois. Ainsi, l'Internet iranien est libre à l'intérieur de ses frontières, mais ces frontières peuvent être fermées très facilement par le gouvernement. Dans le noir numérique ainsi organisé, le régime fait appel à des forces équipées d'armes lourdes pour réprimer sans laisser de trace sur la Toile. Toutes les forces de maintien de l'ordre sont déployées dans les rues de Téhéran et en province : les Gardiens et notamment le *Bassidj*, mais aussi le ministère du Renseignement, sous le contrôle du président Rohani.

Amnesty dénombre plus de mille morts. Le bilan réel est certainement beaucoup plus lourd car les chiffres qui tournent parmi les commentateurs sont fondés sur les déclarations des familles de victimes. Or, le régime maquille les causes de décès, intimide le personnel hospitalier, vole les corps à la morgue et interdit aux familles de communiquer sur le décès de leurs enfants sous peine de représailles. En tout état de cause, même en prenant le chiffre sous-évalué de mille victimes, la répression est de loin la plus sanglante depuis le Mouvement vert, voire le surpasse en brutalité, car celui-ci n'a duré que trois semaines, alors qu'elle s'est étendue sur plusieurs mois en 2009.

Après *Aban*, le gouvernement Rohani remise tous les projets de libéralisation. Puis les élections législatives, grâce au jeu de l'exclusion des candidats mené par le régime *via* le Conseil des gardiens, font émerger un Majles dominé par les ultraconservateurs. Enfin l'élection à la présidence de l'ultraconservateur Ebrahim Raissi, proche de la Guidance, met fin à tout espoir de libéralisation.

Au total, non seulement Khatami puis Rohani n'ont pas mis en œuvre le programme de réformes qu'ils préconisaient, mais leurs deux mandats successifs sont marqués par les répressions les plus fortes et les plus brutales organisées par le régime, hors Mouvement vert. L'histoire politique de la République islamique n'est pas celle d'une alternance entre libéralisation et fermeture, elle est celle d'une répression de plus en plus féroce face à des aspirations d'ouverture de plus en plus fortes, qui n'ont jamais été satisfaites. De fait, le Guide suprême n'a jamais varié de sa position ultraconservatrice, qu'il justifie pour des raisons de civilisation incompatibles avec les désirs d'ouverture de la population.

Femme, Vie, Liberté

Dernier exemple en date : après les manifestations du mouvement Femme, Vie, Liberté (*Zan, Zendegi, Âzâdi*) qui éclatent en septembre 2022, des commentateurs ont parfois cru au narratif iranien indiquant que le pouvoir avait aboli la police des mœurs. Cela pouvait faire sens : après la répression, il fallait l'apaisement, afin de maintenir l'équilibre précaire sur lequel serait fondée la légitimité de la République islamique. Et de fait, de nombreuses femmes iraniennes ont continué à sortir dans les rues des grandes villes sans *hedjâb*, bien après la fin des manifestations et encore aujourd'hui.

Toutefois, il ne s'est aucunement agi d'une ouverture de la part du régime, bien au contraire : la police des mœurs existe toujours, et après une courte période visant à assurer le retour au calme, elle sévit de nouveau dans les rues de Téhéran. De fait, une législation plus répressive que le cadre réglementaire précédent a été adoptée au Majles, en prenant appui notamment sur l'utilisation massive des technologies de surveillance pour lutter contre le « mauvais *hedjâb* (*badhedjâbi*) ».

Au fond, il est peu probable qu'une autorité comme la police des mœurs soit jamais abolie en Iran : elle constitue un pilier de la mise en œuvre d'un commandement fondamental du Coran, de la propagation de la vertu et de la prévention du vice. Le régime injecte dans la société des doses d'ouverture temporaire et calculée, avec la possibilité d'accommodements. Ainsi, avec le temps, il a été possible aux femmes iraniennes de ne plus se couvrir la tête entièrement et de laisser flotter quelques mèches de cheveux sous une pièce de tissu (*rousari*) à la place d'un *hedjâb* strict. Mais ces évolutions incrémentales ne remettent pas en cause la nécessité et la volonté du régime de continuer à œuvrer pour la défense de la vertu et la prévention du vice (*al ʿamr bil ma'rouf wa an-nahiy an al munkar**, concept coranique qui constitue un pilier de la société islamique).

Pour aller plus loin

- Fariba Adelkhah, *Être moderne en Iran*, Karthala, 2006.
- Ali M. Ansari, *Iran, Islam and Democracy*, Chatham House, 2006.
- Michael Axworthy, *Revolutionary Iran*, Oxford University Press, 2013.
- Saeid Golkar, *Captive Society*, Columbia University Press, 2015.
- Sanam Vakil, *Women and Politics in the Islamic Republic of Iran*, Continuum, 2011.

CHAPITRE 6

« Le fonctionnement de la République islamique est dual, et résulte de compromis entre les ultras et les pragmatiques, qui sont plus ouverts »

Principalistes et modérés

La vie politique iranienne est structurée, depuis la neutralisation du courant dit réformateur, entre un pôle dit principaliste ou principiste (*osulgerâyân**, littéralement « qui s'en tient aux principes fondamentaux ») et un autre pôle dit modéré (*miyân-e-ro**, littéralement « qui emprunte la voie moyenne »). Les noms de ces deux courants sont traduits improprement dans la littérature occidentale par « conservateurs » et « pragmatiques », et les modérés sont même parfois confondus avec les réformateurs car Rohani a récupéré une partie de l'électorat de ce courant. En fait, principistes et modérés représentent tous deux des systèmes de pensée qu'on peut qualifier de « conservateurs », dans la mesure où ils souhaitent conserver le régime tel qu'il fonctionne, contrairement aux réformateurs, qui souhaitent y apporter des corrections.

La véritable ligne de fracture entre principalistes et modérés est le degré de répression exercé sur la société. Les modérés prônent un dialogue avec la jeunesse et affichent leur ouverture et leur disponibilité au compromis (dans la limite des lignes rouges du régime), afin d'apporter des solutions aux aspirations de la population dans le but de maintenir son adhésion au régime. De leur côté, les principalistes ne sont pas dans une logique de compromis et ils s'en tiennent à une lecture littérale des fondamentaux du pouvoir khomeyniste, auxquels il ne peut être question de déroger.

Les différentes personnalités politiques iraniennes se répartissent dans un spectre structuré par cette ligne de partage, mais ce spectre s'étend largement jusqu'à des extrêmes de part et d'autre. Côté principalistes, il existe des courants ultraconservateurs qui prônent le maintien sans aucune concession des principes de la République islamique, notamment le port obligatoire du *hedjâb*. Ils sont servis par une répression implacable durant les épisodes de contestation, y compris en déployant l'outil militaire, dernièrement durant *Aban* 2019 sous Rohani, puis avec la répression du mouvement Femme, Vie, Liberté sous Raissi.

On lit souvent que l'élection d'Ebrahim Raissi à la présidence de la République en 2021 achevait la prise en main par les conservateurs de tous les leviers de pouvoir en Iran. En réalité, l'essentiel des leviers de pouvoir, ceux qui sont nommés et non élus, a toujours été entre les mains des plus durs : Guide suprême, bureau de la Guidance, Assemblée des experts (présidée jusqu'en mai 2024 par Ahmad Jannati, un clerc ultraproche de Khomeiny), Conseil des gardiens (présidé également par Jannati), Conseil de discernement (dont le secrétaire est Mohsen Rezâ'ei, commandant des Gardiens de la Révolution durant plus de dix ans, y compris durant la guerre Iran-Iraq), et enfin les multiples services de renseignements. Il est plus juste de dire que l'élection de Raissi parachève la prise de contrôle des institutions élues. Surtout, cette prise de contrôle est le fait non pas des conservateurs, mais des plus ultras parmi eux – Rohani était lui-même une figure de la mouvance conservatrice, dans laquelle il a évolué pendant vingt ans, avant de se présenter à l'élection de 2013 sous l'étiquette des modérés.

La pluralité strictement encadrée du débat public et de la presse politique

Suivant cette ligne de partage, l'expression d'une pluralité de voix politiques reste cependant une réalité en Iran. Ainsi, des journaux ultras comme *Keyhân* ou *Vatan-e-Emrooz* peuvent prendre des positions extrêmement dures en même temps que les journaux les plus libéraux, tels que *Hamshahri* ou *Irân*, qui relaient des positions d'ouverture à la société civile et à l'Occident. Le débat public existe et est même parfois très rude, pouvant aller jusqu'à de véritables invectives entre clercs à la télévision d'État, sans parler des règlements de comptes extrajudiciaires.

Des lignes dissidentes peuvent perdurer dans le débat public parce qu'elles sont tolérées par le régime, tant qu'elles ne sont pas jugées nuisibles ou politiquement subversives. Dans ce cas, ceux qui expriment des points de vue dissidents restent toujours dans la précarité, sous le coup de la censure, qui peut frapper sans prévenir si une ligne rouge a été franchie. Parfois, l'existence d'une pluralité participe d'une stratégie d'affichage de la part du régime. Ainsi, durant les négociations nucléaires, le régime a laissé s'exprimer des points de vue divergents entre des journaux tels que *E'temâd* ou *Irân*, qui prônaient des négociations de bonne foi avec l'Occident, et *Keyhân*, *Javân* et *Vatan-e-Emrouz*, qui ont œuvré pour torpiller les mêmes négociations, y compris *via* des attaques *ad hominem* contre les négociateurs. Une telle stratégie permet d'afficher un apparent soutien de la part du système aux négociateurs, tout en faisant monter la pression en montrant que ce soutien n'est jamais acquis.

De manière générale, cette façade pluraliste n'est qu'un leurre : derrière ces débats apparents, il y a, en matière sécuritaire, une unité des instances décisionnaires sous l'égide du Guide suprême. Une fois de plus, le cas du nucléaire est éloquent : il touche à un domaine sensible, où l'on s'attendrait à ce que la communication et le débat d'idées soient parfaitement verrouillés par le régime, et c'est le contraire qui se produit. Mais il ne faut pas s'y tromper : il y a une ligne officielle, exprimée par le Guide suprême, et les tenants de lignes divergentes ne s'expriment que dans ce cadre. Ils savent les lignes rouges qu'il ne faut pas franchir, sous peine de sanction. Ainsi, le débat d'idées et le débat public fonctionnent sur le mode de l'autorégulation, dans le cadre de ce qui ne constitue pas de menace au système, les tenants du système étant précisément les seuls habilités à juger de cette menace. Et quand survient un événement qui sort de l'ordinaire et dont on ne sait pas quelle réaction il doit occasionner, tous les représentants des divers courants politiques et intellectuels observent d'abord une phase de prudence, durant laquelle ils guettent les signes du positionnement du Guide suprême. Puis, une fois que ce dernier a fait valoir la ligne officielle, les uns et les autres se positionnent en fonction de cette ligne : les plus ultras feront dans la surenchère, valoriseront à outrance les propos du Guide ; de leur côté, les modérés feront valoir un point de vue qui pourra s'écarter juste assez de la ligne du Guide pour affirmer une sensibilité, tout en veillant à rester dans le champ de ce qui est toléré par le pouvoir.

Dernier exemple évocateur : à l'approche des élections américaines de 2020, qui pouvaient voir la réélection de Trump et la poursuite de sa politique de pression maximale contre la République islamique, et alors que planait la menace d'une attaque israélienne ciblant les installations nucléaires iraniennes, le président Rohani a fait un discours à tonalité religieuse peu commune, soulignant que « les victoires que le Prophète a gagnées en temps de paix ont plus de valeur que les victoires acquises par la guerre ». Puis il a placé son action sous l'égide de l'imam Hassan*, deuxième imam chiite, prédécesseur à l'imamat de son frère cadet Hussein et considéré comme un symbole de modération, l'antithèse de son frère commandant des martyrs : « L'imam Hassan nous enseigne d'avoir une attitude militaire le jour de la guerre et d'être pacifique en temps de paix. Nous commettons une erreur de vouloir faire la guerre en temps de paix ou de désirer la paix le jour de la guerre. » Une telle prise de position était éminemment sensible. La simple évocation de la mémoire de l'imam Hassan est un acte politique subversif dans la République islamique. Celle-ci a réactivé avec force la figure de Hussein, qui a choisi la voie du martyre jusqu'à la mort, quand Hassan est coupable d'avoir favorisé le compromis avec le tyran. La posture de Hussein a été érigée en modèle de vie par la République islamique et sanctifiée par le sang durant la guerre Iran-Iraq. Évoquer Hassan est perçu par les plus ultras au sein du régime comme un crime de trahison piétinant la mémoire des martyrs, de la Révolution comme de la guerre.

De fait, ces propos de Rohani ont déclenché une tempête médiatique, et notamment la réaction extrêmement véhémente de Mojtaba Zolnour, alors président de la commission des affaires étrangères du Majles, proche du Guide suprême, figure ultra de premier plan qui ambitionnait de prendre la tête d'une croisade anti-Rohani. Zolnour a répondu à Rohani en déclarant : « S'il fallait suivre votre logique, le Guide devrait ordonner que vous soyez pendu mille fois. » À son tour, la violence de cette diatribe avait engendré une vague de protestations, dans les rangs même des conservateurs.

Le Guide suprême est intervenu pour faire cesser la polémique en faisant prévaloir sa ligne, soulignant que la critique est bienvenue et nécessaire, mais que l'insulte et l'invective sont la loi de l'ennemi et de l'Amérique. Les invectives devaient donc cesser et laisser place à l'unité plus que jamais nécessaire en période d'incertitude politique. La polémique a cessé immédiatement, avec des paroles de contrition de Zolnour, soulignant qu'il se soumettait sans réserve aux avis du détenteur de la *velâyat*.

Le Guide suprême, autorité suprême et absolue du régime

De fait, le Guide suprême est celui qui fixe la ligne sur les grands sujets, sociétaux ou stratégiques. Mais les directives édictées par lui ne relèvent pas que d'un magistère moral. Il est le seul véritable détenteur de l'autorité politique temporelle dans le régime de la République islamique.

À la fin de sa vie, actant que son successeur pourrait ne pas avoir son charisme et son aura, ni la même capacité à faire prévaloir ses vues sur les autres acteurs du régime, Khomeiny a entrepris de renforcer le pouvoir associé à la titulature de Guide suprême. À la faveur de la seule révision constitutionnelle adoptée depuis la Révolution entreprise en 1989, la Constitution stipule désormais que l'autorité du *vali* est absolue. Concomitamment, Khomeiny a institué un Conseil de discernement de l'intérêt supérieur du régime, qui a pour fonction d'établir si les lois islamiques doivent être outrepassées dans les cas les plus graves et urgents, par exemple quand est menacée l'indépendance ou l'intégrité territoriale du pays. Cette institution est une sorte de Cour suprême, composée de clercs et de personnalités éminentes du régime, par exemple des vétérans des Gardiens, et répondant uniquement au Guide suprême. La volonté de Khomeiny était de légitimer un contournement des règles de l'islam dans le cas où la raison d'État serait menacée, y compris les piliers de la foi musulmane, qui pourrait avoir à s'effacer si le *vali* le jugerait nécessaire – l'obligation fondamentale de jeûner durant le ramadan, par exemple, a été levée par Khomeiny durant la guerre Iran-Iraq afin de préserver les troupes et d'acquérir un avantage stratégique. Cette conception renforce le pouvoir du Guide suprême, qui peut ainsi s'affranchir, seul, des préceptes islamiques dont il a la charge en tant que *vali*.

Or, comme l'avait anticipé Khomeiny, sa mort a donné lieu à une lutte d'influence pour accaparer le pouvoir suprême. Rafsandjani, alors président du Parlement jouissant de nombreux soutiens notamment au sein du Bazar, a fait le pari que l'autorité du poste de Guide suprême n'allait pas survivre au fondateur du régime ; il a soutenu la candidature d'Ali Khamenei en bonne intelligence avec celui-ci, quand il était président de la République. Khamenei ne présentait pas les compétences théologiques requises pour accéder à la titulature de Guide, car le magistère suprême devait être exercé par le meilleur et le plus apte des clercs, qui devait donc au moins être un ayatollah, ou mieux, avoir été reconnu par ses pairs comme un *marja'-e-taqlid*, source d'imitation pour les fidèles. À l'époque, Khamenei n'était ni un *marja'* ni même un ayatollah, mais un *hodjatoleslam**, clerc de rang intermédiaire. Dans ces circonstances, Rafsandjani faisait le pari que le poste de président de la République, auquel il aspirait, deviendrait après la mort de Khomeiny le véritable centre du pouvoir, et a accepté de soutenir Khamenei pour le poste de Guide en pensant pouvoir ensuite le circonvenir.

L'élection de Khamenei par le Conseil des experts était donc contraire à la doctrine même de la *velâyat-e-faqih* et tenait à des jeux politiques. Toutefois, une fois élu, Khamenei a vaincu la machination ourdie par Rafsandjani, en prenant toute la mesure des fonctions de Guide, en s'entourant de fidèles dévoués, en neutralisant ses opposants y compris par la pratique de l'assassinat, et en étoffant considérablement l'étendue du bureau de la Guidance et ses relais dans toutes les institutions du régime.

C'est le Guide qui exerce le vrai pouvoir. Tout ce qui se développe en dessous de lui est toléré, mais peut ne l'être qu'un temps.

Le bureau de la Guidance et les institutions au service de l'exercice du pouvoir absolu du Guide suprême

Concrètement, la Constitution de la République islamique et la pratique politique ont établi des institutions qui ont la charge de relayer et de faire prévaloir les positions du Guide suprême.

D'abord le bureau de la Guidance, qui s'est étoffé au fil du temps. Il est impossible de dire avec précision combien d'agents peuplent cette administration qui garde le secret sur son fonctionnement. En revanche, il est clair que la Guidance s'est considérablement étoffée, finissant par doublonner toutes les institutions de l'État, notamment les ministères, dont chacun relève de l'autorité de membres de la Guidance, qui rapportent directement au Guide.

Khamenei s'est par ailleurs entouré de fidèles. D'abord il a fait venir auprès de lui son fils cadet Mojtaba, devenu un pilier du bureau de la Guidance, qui a centralisé le pouvoir et la prise de décision, en nourrissant un réseau clientéliste et en distribuant les prébendes. Mojtaba Khamenei s'est positionné à la confluence des réseaux militaires, des vétérans du *Sepâh* impliqués dans le monde économique, du clergé et des fondations religieuses, occupant une position de vigie et de tour de contrôle de la République islamique. Mojtaba lui-même s'est entouré de figures craintes, notamment Hossein Ta'eb, chef des renseignements des Gardiens de la Révolution, membre de l'entourage le plus proche du Guide pendant deux décennies. Outre Mojtaba, Khamenei s'est également entouré de la première génération de vétérans du *Sepâh*, qu'il a côtoyés durant la guerre Iran-Iraq en tant que légat de Khomeiny auprès du Corps des Gardiens.

Une autre institution clé au sein du régime est celle du pouvoir judiciaire. Nommé par le Guide suprême, le chef du pouvoir judiciaire occupe des fonctions clés au sein de l'appareil d'État, en ayant la main sur l'administration des tribunaux et sur la politique pénale, mais aussi sur la nomination des juges. Ainsi, le pouvoir judiciaire a pu être détourné comme instrument de règlement de comptes entre factions sous couvert de justice, au profit du Guide suprême. Cela a été particulièrement le cas sous Khamenei, qui a placé son affidé Ebrahim Raissi à la tête du pouvoir judiciaire. Ce dernier a mis son administration au service d'une purge des éléments pro-Rohani critiques de la *velâyat* de Khamenei, à coups de procès retentissants allant jusqu'à cibler la famille de Rohani, notamment son frère Hossein Fereydoun. Le poste de chef du pouvoir judiciaire est stratégique en ce qu'il donne la main sur tous les dossiers sensibles et confidentiels de la République, grâce à son propre service de renseignements, et permet de tenir une position d'arbitre dans les règlements de comptes entre factions qui se déchirent pour les prébendes liées à la distribution des postes et des ressources de la République.

A également été institué un Conseil suprême de sécurité nationale (*choura-ye-âli-ye-amniat-e-melli*, CSSN), sur le modèle américain du

National Security Council, qui connaît de toutes les affaires relatives à la sécurité nationale, en premier lieu la diplomatie et la défense, mais aussi les affaires économiques sensibles et le renseignement. Or, bien que présidé nominalement par le président de la République, le fonctionnement de cet organe marginalise les autorités élues au profit de son secrétaire, généralement un proche du Guide placé à ces fonctions pour exercer un contrôle strict de toutes les instances qui participent à la gestion de la sécurité du pays et siègent à ce titre au Conseil suprême, y compris le président de la République. Ainsi, durant les négociations de l'accord nucléaire iranien, le secrétaire du CSSN, Ali Shamkhani, ancien chef d'état-major de la marine des Gardiens et figure militaire respectée depuis les premiers mois de la guerre Iran-Iraq, était réputé détenir davantage de pouvoir que le président de la République Hassan Rohani, en raison de sa proximité avec les milieux de la Guidance ainsi que sa proximité de vues avec les plus ultras du système et avec le Guide lui-même. Sous la direction d'Ali Shamkhani (2013-2023), le CSSN était l'organe chargé de définir la stratégie nucléaire du pays. Bien que les négociations aient été conduites publiquement par l'équipe du ministère des Affaires étrangères sous Rohani, c'est bien le CSSN – sous l'autorité du Guide suprême – qui exerçait la tutelle sur les décisions. Le Conseil validait ou invalidait les positions prises, indépendamment des engagements de l'équipe de Zarif, sans avoir à rendre compte publiquement[1].

Cette verticalité du pouvoir se double d'un verrouillage réticulaire de la part de la Guidance, *via* l'institution d'envoyés ou représentants du Guide (*namâyande*) auprès de toutes les administrations du pays, consolidant le contrôle direct de la Guidance sur tout l'appareil d'État, à l'échelon central comme en province, et sur toutes les

1. Ali Vaez et Suzanne Maloney, « Iran's Political Minefield after the Nuclear Deal », Brookings Institution, 2015 ; Sina Azodi, « Iran's Supreme National Security Council and Nuclear Negotiations », Atlantic Council, 2021 ; Trita Parsi, *Losing an Enemy*, Yale University Press, 2017 ; ou encore, en persan, رضا نصری، » نقش شورای عالی امنیت ملی در سیاست هسته‌ای ایران « ، ایسنا، ۱۳۹۴.

institutions du régime, y compris auprès des Gardiens et de chaque échelon de chaque corps de leur administration.

Au total, la culture du débat d'idées et de la confrontation de points de vue existe bel et bien en République islamique. Toutefois, elle trouve à s'exprimer dans les strictes limites posées par le système, et qui sont intégrées comme un habitus par les acteurs du débat et de la vie politique, sous peine de sanctions. La Guidance tient le rôle d'arbitre de ces courants. Le Guide suprême lui-même intervient parfois pour rappeler à l'ordre des factions qui se déchirent ou, plus généralement, pour poser la ligne du régime, qui ensuite est suivie par les acteurs, qui peuvent s'en démarquer sans s'en éloigner. Quoi qu'il en soit, cette compétition de factions se déroule dans un système où le pouvoir absolu du Guide suprême a été réaffirmé avec le temps, partout dans la République.

Pour aller plus loin

- Ali Alfoneh, *Iran Unveiled*, AEI Press, 2013.
- Wilfried Buchta, *Who Rules Iran ?*, Washington Institute, 2000.
- Saeid Golkar, *Captive Society*, Columbia University Press, 2015.
- Mehdi Khalaji, *Iran's Shadow Government*, Washington Institute, 2011.
- Payam Mohseni, « Factionalism, Iranian Style », *The Washington Quarterly*, 2016.

CHAPITRE 7

« L'Iran est disposé au dialogue avec l'Occident, ce sont les Occidentaux qui sont de mauvaise foi »

Les autorités iraniennes ont régulièrement affiché une relative disponibilité à dialoguer avec l'Occident. Cette disponibilité ne s'est pas refermée après le départ de Rohani. En réalité, les plus durs ne s'opposent pas frontalement et systématiquement au dialogue – et de leur côté, les modérés ne s'opposent que de manière rhétorique aux ultras. Le dialogue et la fermeture sont deux postures qui coexistent de manière constante dans l'histoire du régime. Cette coexistence est même orchestrée par le régime, et la posture d'ouverture constitue parfois un paravent à la poursuite d'activités qui contreviennent frontalement aux assurances d'une disponibilité au dialogue.

L'art de la dualité

Le dossier nucléaire est par excellence celui où s'est développée la dualité orchestrée par le régime. De manière générale, l'affichage d'une disponibilité au dialogue s'est accompagné d'avancées fermes dans le programme nucléaire contredisant cette disponibilité, et ce dès le début de la crise nucléaire. Historiquement, le positionnement ouvert et les actions déstabilisatrices ont pu atteindre leur summum de manière concomitante : au début des années 2000, les discours du président Khatami sur le « dialogue des civilisations » ont coïncidé avec la découverte du programme nucléaire iranien dont il a été établi par l'AIEA qu'il avait compris des activités à visée militaire jusqu'en 2003. Après la sortie américaine de l'accord nucléaire, le président Rohani affiche sa disponibilité au dialogue pour résoudre la crise, tout en engageant le pays résolument dans la plus franche (de très loin) montée en puissance du programme depuis ses débuts.

Pendant les négociations, le gouvernement Rohani a multiplié les signaux contradictoires. D'un côté, on affirmait publiquement le respect des engagements, de l'autre, on intensifiait le programme d'enrichissement – jusqu'à 20 %. Après l'adoption en décembre 2020 d'une loi imposant au gouvernement d'enrichir à ce taux, l'Iran a commencé à produire environ deux fois plus d'uranium enrichi à 20 % qu'exigé, en contradiction claire avec les efforts diplomatiques[1].

Durant toute la crise nucléaire, les Iraniens ont mis en scène un partage des rôles, entre une équipe gouvernementale présentée comme modérée et ouverte au dialogue et ce qui était présenté par les négociateurs iraniens comme une sorte d'État profond qui prendrait des décisions ineptes sans en référer au gouvernement. Or, de fait, ce n'est pas le gouvernement qui prend les décisions stratégiques, mais le Conseil suprême de sécurité nationale, sous l'égide du Guide suprême. Si Rohani et Zarif étaient le visage du régime et l'interface avec l'Occident, c'est le secrétaire du Conseil suprême qui est chargé, sous l'autorité du Guide, de déterminer et de conduire la politique nucléaire.

Autre illustration, après les élections qui occasionnent un raz-de-marée conservateur, le Majles a entériné un infléchissement fondamental

1. Robert E. Kelley, « How Much of a Proliferation Threat Is Iran's Uranium Enrichment ? », Sipri, 16 avril 2021 : « *Iran's atomic energy agency […] produced 55 kg of 20 per cent enriched uranium in barely four months.* » Tim Ripley, *NEI Magazine*, décembre 2022 : « *Iran's capacity to enrich uranium has doubled… under the plan.* » Mark Fitzpatrick (*The Iranian Nuclear Crisis*, Routledge-IISS, 2008) analyse l'usage des failles techniques comme outils de pression. Cf. aussi Trita Parsi, *Losing an Enemy*, *op. cit.*

de la politique nucléaire iranienne en adoptant le 2 décembre 2020 une loi par laquelle il enjoint au gouvernement de prendre des mesures fortes de redémarrage du programme nucléaire. Face aux Occidentaux, l'équipe des négociateurs a eu beau jeu de clamer que le gouvernement s'opposait à ladite loi, parfaitement contraire aux engagements iraniens, qu'ils n'y pouvaient rien, que leur bonne foi dans les négociations n'était pas questionnable et qu'ils n'étaient pas comptables des avancées interdites enregistrées par le programme nucléaire qui contrevenaient à l'accord. Mais en réalité, non seulement le CSSN, organe de décision suprême référant au Guide, a validé la loi sans que Rohani ni Zarif, qui siègent au CSSN, ne s'y opposent, mais surtout, le gouvernement a finalement, allant à l'encontre de ses positions affichées, mis en œuvre les dispositions de la loi avec toute la diligence requise et parfois même en anticipant sur le calendrier que la loi fixait. Ainsi, le gouvernement Rohani, alors que ses négociateurs clamaient qu'ils ne feraient rien qui contreviendrait aux engagements du pays, a sciemment ordonné le démarrage des activités d'enrichissement d'uranium à 20 % réclamé par les députés ultras du Majles, et commandé la production de deux fois plus d'uranium enrichi à 20 % que ce que le texte de loi prévoyait.

Cette dualité orchestrée ne concerne pas que le dossier nucléaire. Elle est un mode de fonctionnement du régime. S'agissant de la politique régionale, l'ensemble du système iranien affiche avec constance une disponibilité à régler les contentieux régionaux par le dialogue. Cela a été le cas en particulier sur le dossier yéménite. Les Iraniens ont fait valoir leurs liens avec les Houthis* pour se poser en acteurs incontournables, allant jusqu'à organiser à Téhéran des rencontres entre diplomates occidentaux et responsables houthis, afin de présenter aux chancelleries occidentales un visage de modération contredisant les faits sur le terrain. Dans le même temps, ils ont plaidé l'indépendance des mêmes Houthis quand il s'est agi de les appeler à respecter la trêve qu'ils avaient conclue. Téhéran s'attribue les lauriers à chaque pas positif entrepris par les Houthis tout en se dédouanant de toute responsabilité et en niant toute influence sur le mouvement, quand celui-ci est mis en cause.

Les proxies, *source de la capacité de déni plausible des activités déstabilisatrices iraniennes dans la région*

La République islamique, dès son avènement, a tissé un réseau de groupes affidés qu'elle a considérablement étoffé au cours de ses quarante années d'existence. Ces affidés, ou *proxies*, agissent pour son compte tout en octroyant à la République islamique une capacité de déni de ses actions déstabilisatrices dans la région, réduisant ainsi leur coût pour la République islamique et lui évitant surtout les dommages liés à une riposte, qui visera la plupart du temps le *proxy* en question et non l'Iran.

Ainsi, l'Iran arme, finance, entraîne des *proxies* dans toute la région. Au Liban, les Gardiens de la Révolution ont fondé le Hezbollah* libanais dans le contexte de la guerre civile libanaise et de l'invasion du Liban-Sud par Israël. Ils continuent à armer et à financer ce parti, qui est le seul à avoir conservé son armement après les accords mettant fin à la guerre civile en 1989. Le Hezbollah a décuplé le nombre de ses combattants depuis 1982, et son arsenal est passé d'une dizaine de milliers de roquettes à plusieurs centaines de milliers de roquettes, missiles, missiles balistiques capables de frapper n'importe quelle cible en profondeur du territoire israélien, ainsi que des drones et une unité de forces spéciales entraînée par la force Qods des Gardiens de la Révolution iraniens.

En Iraq, la République islamique consolide une présence forte sur tout le territoire, *via* une influence sur les différents groupes composant le *Hachd ach-cha'bi** (Mobilisation populaire). L'Iran cultive une présence non seulement sur le terrain, mais aussi sur la scène politique irakienne, au travers des partis politiques fondés par les différents groupes paramilitaires du *Hachd*. Les milices du *Hachd* sont engagées dans des actions de harcèlement des troupes occidentales présentes sur place pour lutter contre Daech et fomentent des actions telles que l'invasion de l'ambassade américaine fin 2019.

Au Yémen, l'Iran a consolidé depuis 2015 un soutien aux Houthis qui passe par des transferts d'armement, notamment des drones et des pièces utilisées pour la confection de missiles, y compris balistiques, qui sont utilisés pour cibler le sud du territoire saoudien. C'est grâce à l'aide iranienne que les Houthis, qui disposaient de peu de ressources au début de la guerre civile en 2014, sont devenus un groupe d'influence majeure dans la région, capable, depuis le 7 octobre 2023, de perturber le trafic maritime international passant par le détroit de Bab-el-Mandeb. Les missiles et les drones employés viennent d'Iran ou sont assemblés sur place à partir de composants provenant d'Iran. Les Gardiens de la Révolution et des membres du Hezbollah ont formé les Houthis au maniement des drones, à la mise à feu des missiles et aux techniques de commando utilisées pour aborder un navire étranger et prendre en otage son équipage.

Ce réseau de *proxies*, auquel il faut ajouter les groupes palestiniens et syriens, est directement lié à Téhéran et aux Gardiens de la Révolution et permet au régime iranien de nier sa responsabilité dans des actions réalisées sous son égide ou avec son concours. L'Iran peut donc mener une politique déstabilisatrice dans l'ensemble de la région, en même temps qu'il affiche une disponibilité au dialogue. Les Iraniens ont fait de l'ouverture au dialogue une constante de leur politique régionale, qui se superpose à la poursuite concomitante d'activités déstabilisatrices. S'agissant du dossier nucléaire, l'ouverture au dialogue, maintenue durant toute l'année 2019, s'est accompagnée d'une recrudescence sans précédent des actes malveillants et déstabilisateurs pour la région, menés par les *proxies* iraniens dans le Golfe : arraisonnement de navires par les Houthis, attaques aux missiles balistiques depuis l'Iran sur le territoire irakien, frappes de drones contre les installations pétrolières saoudiennes d'Aramco à Abqaiq et à Khurais – le plus grave attentat de l'histoire contre des installations pétrolières, qui a occasionné des pertes de plusieurs milliards de dollars et une chute du cours du baril de 5 % en l'espace d'une seule journée de cotation. Tout cela au moment même où les Iraniens mettaient en avant leur initiative HOPE (*Hormuz Peace Endeavor*), présentée comme visant à favoriser le dialogue dans le golfe Persique.

Au total, plutôt que d'une dualité, il conviendrait de parler d'une dualité orchestrée, voire d'une répartition des rôles : les plus modérés sont chargés d'avancer dans la voie du dialogue, sachant qu'ils peuvent être contredits à tout moment par le Guide ; de leur côté, les ultras poursuivent leurs actions déstabilisatrices sous couvert de dialogue et d'ouverture revendiquée du système. Ainsi peuvent prospérer l'affichage d'une volonté de dialogue et la poursuite concomitante d'activités régionales déstabilisatrices en contradiction avec cette volonté. La dualité et l'asymétrie propres au système iranien sont mises à profit dans le but de dénier à la communauté internationale toute possibilité de tenir Téhéran comptable des engagements pris et des activités menées.

Enfin, il faut ajouter à ces éléments des pratiques contraires à toute norme internationale, et qui sont devenues courantes de la part de la République islamique : prises d'otages et interventions sur le sol d'États étrangers, en contradiction avec la disponibilité au dialogue affichée vis-à-vis des pays victimes de ces pratiques (cf. *infra*).

Pour aller plus loin

- Suzanne Maloney, *Iran's Political Economy since the Revolution*, Cambridge University Press, 2015.
- Trita Parsi, *Losing an Enemy*, Yale University Press, 2017.
- Henry Rome, *Iran's Strategy of Calibrated Escalation*, Washington Institute, 2021.
- Karim Sadjadpour, *Iran's Unwavering Strategy in the Middle East*, Carnegie Endowment for International Peace, 2020.

CHAPITRE 8
« Le régime de la République islamique correspond aux souhaits du peuple, dont une partie substantielle le soutient »

Selon certaines estimations, le régime bénéficierait d'un solide socle de soutiens. On lit parfois que ce socle représenterait jusqu'à 30 % de la population iranienne. Il est délicat de corroborer ce genre d'estimations s'agissant d'un pays où la parole n'est pas libre et où la dissidence, voire le simple discours critique, peuvent mener à la prison ou même à la pendaison. Mais on peut rappeler certains éléments qui jettent un peu de lumière sur la question.

La promesse khomeyniste

Il est vrai qu'à l'origine, en 1979, le peuple plébiscite massivement le nouveau régime, qui est installé en deux temps : d'abord un référendum organisé dès le 1er avril quant à la nature du régime, où quelque 90 % de la population iranienne répond oui à la question de savoir s'ils veulent une République islamique ; puis un référendum soumettant au peuple la Constitution du nouveau régime, à son tour approuvée, en octobre.

Néanmoins, dès ces premières élections, l'heure est à la censure et à l'intimidation. Certes, le peuple cultive l'élan révolutionnaire qui a abouti au départ du Shah, mais, en constatant la présence d'hommes en armes dans les bureaux de vote, les campagnes de ratissage des villages pour « aider » le peuple à aller voter et les rumeurs qui prédisent à ceux qui votent mal de finir comme les tenants de l'ancien régime, qui ont été expulsés du pouvoir et commencent à être exécutés, il comprend vite qu'on ne lui donne pas de vrai choix.

La guerre Iran-Iraq marque une phase de consolidation de la piété populaire autour de la nécessité de protéger le territoire et de pleurer les morts face à l'ennemi. La ferveur des *mostaz'afin** trouve à s'exprimer avec véhémence, et la pudeur commande de soutenir les familles endeuillées qui grossissent les rangs des masses rassemblées dans les cimetières, où le deuil est exprimé de manière voyante. Les martyrs gagnent un statut dans l'au-delà, et leurs familles un statut ici-bas : un statut social mais aussi économique et financier, avec une rente versée à vie par le régime. La République met en place un réseau de distribution de prébendes qui arrose les familles de martyrs *via* des fondations (*bonyâd**) qui ne paient aucun impôt et dont la gestion opaque, placée auprès du bureau du Guide, permet de profiter de circuits de contrebande et de blanchiment. Très vite, les familles des martyrs sont en vue, les postes prestigieux leur sont réservés dans l'administration, l'université, la police, les forces armées. La force des mobilisés, les *bassidji*, devient une véritable classe sociale, et les jeunes qui composent cette force se retrouvent partout dans les structures du pays. Bientôt on s'enrôle dans le *Bassidj* pour faire carrière. La République islamique ménage un véritable ascenseur social du martyr, qui a pour fonction de récompenser les *mostaz'afin* et d'en faire « des héritiers », comme cela est professé dans un verset du Coran. Dans le même temps, le régime se constitue ainsi une clientèle et islamise les institutions, l'administration et la société.

Après la guerre, les manifestations de piété tournent plus souvent à la kermesse, où sont distribués gâteaux, jus de fruits, thé, et où les plus défavorisés trouvent un lieu de sociabilité, réclamant en retour l'affichage à peu de frais d'un soutien au régime. Se faire voir dans ces manifestations, en profiter pour côtoyer le mollah local, les organisations du *Bassidj* et les organisateurs de la mosquée du quartier, est un moyen commode pour gagner une notabilité dans le quartier et convoiter les avantages matériels qui vont avec.

L'échec du khomeynisme

Or, ce sont précisément ces déshérités que la République islamique a eu l'intelligence de constituer en classe sociale qui seront les plus déçus du régime au fil du temps.

L'incapacité du régime à répondre aux besoins économiques de base des classes populaires a fait grandir un mécontentement populaire dirigé contre les élites islamistes. Les ouvriers ont toujours maintenu un haut degré de mobilisation sociale, notamment dans la province du Khuzestân, dans le secteur du pétrole et dans celui des manufactures. Mais ce mécontentement a crû ces dernières années et les heurts et les manifestations massives se sont multipliés. Si le Mouvement vert était mené par des étudiants, des intellectuels et une classe moyenne et supérieure éduquée avide de liberté politique, les manifestations ultérieures ont rassemblé les classes laborieuses et populaires. C'est le cas des manifestations de l'hiver 2017-2018 et de celles d'*Aban* en 2019. Loin de la promesse de revanche portée par le nouveau régime, après avoir profité des largesses du régime et d'une revanche sociale sur les élites, les déshérités ont le sentiment d'un déclassement.

Ce mécontentement envers la République islamique est accru par l'exacerbation d'un sentiment de déconnexion entre les élites du régime et les couches les plus défavorisées. Le régime est devenu élitiste, et les élites du régime se sont refermées sur elles-mêmes. La population travailleuse fustige les mollahs qui envoient leurs enfants, appelés avec mépris les *âqâzâdeh**, qu'on peut traduire par « fils de », étudier dans les plus grandes universités occidentales, où ils affichent ce qui est considéré comme un mode de vie de débauche par la classe pieuse iranienne. Les jeunes, qui rêvent d'une vie plus libre et risquent la prison et les punitions corporelles simplement pour avoir osé réclamer le même mode de vie que celui des fils de mollahs, ne peuvent que constater l'iniquité des règles du jeu.

La politique économique du nouveau régime est un échec. Fondée sur la subvention économique sur les produits de base, censée acheter une clientèle de gens pauvres qui ne paient pas pour subvenir à leurs besoins, et marquée par une incapacité à sortir de la malédiction pétrolière, elle avait révélé ses faiblesses bien avant l'imposition de sanctions internationales. C'est précisément cette mauvaise gestion qui alimente les manifestations dont l'intensité et la fréquence augmentent avec le temps, avec un apogée en 2019 lors du soulèvement d'*Aban* contre l'augmentation du prix de l'essence, tabou que le gouvernement a brisé alors qu'il est au cœur du pacte social.

Il faut ajouter les affaires de corruption qui éclaboussent les élites du régime, conservatrices comme réformatrices, et la mauvaise gestion des enjeux environnementaux. La gabegie et la politique économique absurde du gouvernement octroyant les grands contrats aux entreprises du secteur du BTP iranien alimentent la corruption. Le nombre de barrages a explosé dans le pays, sans égard pour les conséquences environnementales sur les paysages et sur les bassins de vie, mais surtout sans attention pour les populations rurales, dont les moyens de subsistance et la terre sont rendus inutilisables sans qu'elles en soient indemnisées. Ces populations viennent nourrir un exode rural massif, nourrissant à son tour la dégradation de la qualité de vie dans les grandes villes, à commencer par Téhéran, marquée par une pollution parmi les plus élevées du monde et une criminalité en forte hausse depuis l'instauration du nouveau régime. La sécheresse devenue chronique du fleuve Zayandeh Roud, âme d'Ispahan, est le symbole de ce fiasco environnemental, de même que l'assèchement du lac d'Ourmieh, qui a perdu les deux tiers de sa superficie depuis la Révolution.

Bien sûr, il y a toujours de nombreuses manifestations de soutien au régime, qui réunissent des milliers de sympathisants. Ainsi des obsèques de Qassem Soleimani, commandant de la force Qods des Gardiens, tué par une frappe de drone américaine en janvier 2020, qui ont rassemblé des millions d'Iraniens venus de tout le pays, et dont la tombe dans le cimetière des martyrs de Kerman, sa ville natale, continue de drainer les foules et d'attirer des *tchadori* éplorées comme si elles avaient perdu leur fils. Mais il faut faire la part des choses, et distinguer entre soutien au régime et sentiment patriotique, et même sentiment d'outrage soulevé par la frappe américaine contre un héros populaire en Iran. Le récit entourant Soleimani, que le régime a promu pour en faire une légende (le « martyr vivant » ou encore le « commandant des cœurs », *sardâr-e-del*), dresse le portrait d'un homme du peuple, parti de rien et qui a gravi les échelons des Gardiens, jusqu'à s'imposer par sa compétence, son charisme et son humilité face à ses hommes. Que les obsèques de Soleimani aient réuni des millions d'Iraniens fiers de leur pays ne signifie pas que tous ces hommes, toutes ces femmes, tous ces enfants, soient des soutiens inébranlables du régime de la République islamique ou même de l'islam politique au pouvoir.

L'échec du chiisme politique dans la région

Au fond, c'est la promesse de dignité, portée non seulement par la Révolution, mais par le chiisme politique, qui est restée lettre morte dans la région. Les révoltes de 2019 en Iraq et au Liban ont été portées avant tout par les populations chiites de ces pays. En Iraq, les chiites de Bagdad, de Sadr City et du sud du pays manifestent contre la mainmise des pro-Iran en mettant le feu aux consulats de ce pays à Bassora et dans d'autres villes. Au Liban, les manifestants scandent « tous, ça veut dire tous » (*koullon ya'ni koullon*), soulignant par là que tous les gouvernants libanais sont en cause dans l'effondrement du pays, y compris le Hezbollah qui affecte de se hisser au-dessus du jeu des partis – et que tous doivent donc partir, y compris le Hezbollah. Les chiites ont été très engagés dans les manifestations au Liban. Une grande partie d'entre eux ne croient plus dans la promesse de vengeance sociale des déshérités portée par le Hezbollah, à tel point qu'ils osent le manifester ouvertement dans un pays où l'on peut le payer de sa vie.

Le chiisme politique, et en particulier le khomeynisme et le modèle de la République islamique, sont en échec : en Iran, mais aussi dans la région, là où ils avaient promis aux *mostaz'afin* leur revanche face aux *mustakbarin**.

En Iran, le mouvement Femme, Vie, Liberté a été la plus éclatante démonstration de cet échec social et sociétal, par l'ampleur des manifestations et par la diversité des couches sociales et générationnelles impliquées. Ce mouvement a également vu converger les revendications économiques des ouvriers, celles des jeunes, plus politiques, et celles, irrédentistes, des minorités ethniques et confessionnelles, au Baloutchistan sunnite, en Azerbaïdjan ou au Khuzestân arabe. Le mouvement Femme, Vie, Liberté dénonce ce qui est au cœur du régime : sa misogynie, son centralisme teinté de mépris ethnique et la domination violente de la théocratie islamique, phénomènes perçus comme des trahisons de la promesse de vengeance des déshérités et de la fin de l'injustice dont la Révolution était porteuse.

Pour aller plus loin

- Narges Bajoghli, *Iran Reframed*, Stanford University Press, 2019.
- Hamid Dabashi, *Iran : the Rebirth of a Nation*, Palgrave, 2021.
- Kevan Harris, *A Social Revolution*, University of California Press, 2017.
- Azadeh Kian, *La République islamique d'Iran à l'épreuve du genre*, CNRS Éditions, 2012.

DEUXIÈME PARTIE

La crise nucléaire iranienne

CHAPITRE 9

« L'Iran a droit à l'énergie nucléaire, comme tout État »

Le cadre juridique fondamental : le TNP

L'Iran est signataire du traité de non-prolifération nucléaire (TNP). La raison d'être du TNP, élaboré en pleine guerre froide, était d'enrayer le phénomène de prolifération de l'arme nucléaire. À cette fin, la quasi-totalité des États de la communauté internationale se sont entendus pour figer l'état de fait existant. Signé en 1966, le traité distingue, au moment de son entrée en vigueur, entre puissances « dotées » (de l'arme) et les autres, qualifiées d'États « non dotés ». Concrètement, seules les puissances dotées à la date de la signature du traité sont reconnues comme ayant le droit de conserver cette arme. En contrepartie, elles s'engagent à faire bénéficier les autres puissances, auxquelles il est interdit de développer une arme, de la technologie nucléaire, sous réserve que cette coopération se noue à des fins exclusivement pacifiques. L'AIEA est instituée pour contrôler le maintien de l'état existant, garantir l'absence de prolifération nucléaire et faciliter la coopération internationale en matière de technologie nucléaire pacifique.

Plusieurs États non dotés au sens du TNP se sont néanmoins dotés de l'arme nucléaire. Ces développements ont été entrepris en contravention au traité par des puissances qui l'avaient signé (Inde, Pakistan), ou bien en dehors du cadre de ce traité par des puissances qui ne l'avaient pas signé ou s'en étaient dégagées (Corée du Nord). L'Iran est bien signataire du TNP, qui a été ratifié sous le régime du Shah. S'engager dans le développement d'une arme nucléaire constituerait donc une violation du TNP susceptible d'engager la responsabilité internationale de l'Iran. La survenue de la Révolution islamique et l'institution d'un nouveau régime ne changent en rien cet état de fait : la République islamique n'a pas dénoncé le TNP, et donc l'Iran, non pas en tant que régime mais en tant qu'État, reste lié par les obligations qui en découlent.

La conclusion élargie

Pour assurer que cette coopération nucléaire reste bien pacifique, l'AIEA a à sa disposition un ensemble d'inspecteurs et d'outils de surveillance. Ces inspecteurs dressent un état des lieux des activités nucléaires des États concernés et le confrontent aux déclarations émises par eux. Sur la base de ses inspections, l'AIEA peut octroyer ce qu'on appelle la « conclusion élargie » (*broader conclusion*), un label international qui établit la confiance de la communauté internationale dans le caractère pacifique d'un programme nucléaire, donc dans le fait que toutes les activités et matières nucléaires présentes sur le territoire d'un État sont bien déclarées à l'AIEA, et qu'aucune matière nucléaire n'est détournée à des fins interdites, c'est-à-dire militaires. C'est un label qui repose sur la confiance. Il est octroyé sur la base de considérations techniques précises qui résultent des inspections, mais qui reposent donc aussi sur la bonne coopération de l'État en question avec les inspecteurs de l'AIEA, et notamment sur le fait que rien ne leur a été caché : les inspecteurs doivent avoir accès à toutes les installations nucléaires du pays, et les déclarations de l'État en question doivent être à la fois exhaustives et sincères.

Cette conclusion élargie a par exemple été octroyée à l'Afrique du Sud seulement après qu'elle a renoncé à un début de programme nucléaire et qu'elle s'est soumise à tous les contrôles de l'AIEA ; le processus concernant l'Ukraine a été heurté en raison du fait que ce pays avait hérité du programme soviétique, et l'Ukraine n'a pu bénéficier de la conclusion élargie qu'après que l'AIEA a vérifié que les installations nucléaires présentes sur le territoire ukrainien ont été rapatriées en Russie.

La crise nucléaire iranienne, née de la dissimulation du programme iranien

Concernant l'Iran, le problème est politique : la République islamique a alimenté depuis vingt ans de forts soupçons, qui non seulement empêchent l'AIEA d'octroyer cette conclusion élargie, mais suggèrent aussi que le programme nucléaire iranien n'est pas exempt de visées militaires (cf. *infra*).

Pour bien comprendre cet aspect politique du problème, il est nécessaire de distinguer, d'une part, le droit de bénéficier de l'énergie nucléaire et de la coopération internationale à des fins pacifiques, posé par le TNP, et que peut revendiquer tout État non doté, et, d'autre part, la maîtrise de cette technologie nucléaire. Le TNP ne pose aucun droit à la maîtrise de la technologie nucléaire, seulement un droit à bénéficier de la coopération.

Cette coopération peut parfaitement prendre la forme d'importation d'énergie nucléaire, ou bien de coopération dans les domaines médicaux ; dans tous les cas, elle doit être encadrée. Or, les Iraniens développent des activités qui ne sont pas nécessaires pour bénéficier de l'énergie nucléaire à des fins pacifiques. Le programme nucléaire iranien va largement au-delà du bénéfice de l'utilisation de l'énergie nucléaire à des fins pacifiques, car il vise la maîtrise du cycle de l'enrichissement de l'uranium. Or cette technologie peut être facilement détournée à des fins militaires. Il n'existe aucun droit à l'enrichissement de l'uranium. De fait, de nombreux pays nucléaires ne maîtrisent pas cette technologie, se contentant d'importer pour leurs centrales de l'uranium enrichi ailleurs, dans les rares pays qui maîtrisent cette technologie sous contrôle de l'AIEA.

C'est d'ailleurs un des nœuds du JCPOA : les puissances nucléaires, dans le cadre des négociations complexes et laborieuses de l'accord, ont laissé à l'Iran la possibilité d'enrichir lui-même des quantités infimes de matière, sous un contrôle très strict concernant l'intégralité du processus d'enrichissement, de l'extraction de la matière à son stockage en passant par le nombre de centrifugeuses autorisées à être déployées, et jusqu'à la fabrication des composants nécessaires à la fabrication de ces centrifugeuses. L'Iran a interprété ces concessions faites tactiquement pendant la négociation en les célébrant comme l'octroi d'un droit à l'enrichissement.

Dès lors, la question n'est pas de savoir si l'Iran a droit à l'énergie nucléaire pacifique, mais de déterminer si, compte tenu des soupçons légitimes que suscite le programme nucléaire iranien, la maîtrise du cycle du combustible nucléaire par l'Iran et l'éventualité qu'elle soit mise au service de visées militaires représentent une menace pour la paix et la sécurité internationales. Or, l'historique des développements du programme nucléaire iranien peut être résumé comme une succession de développements suscitant l'inquiétude et la réprobation de la communauté internationale, car ils font peser un soupçon d'existence d'un programme militaire dissimulé. C'est d'ailleurs ces développements répréhensibles qui ont justifié les sanctions prises par le Conseil de sécurité, garant de la paix et de la sécurité internationales, afin que l'Iran mette un terme à ces activités illicites.

La crise nucléaire iranienne dans son ensemble procède de la découverte d'activités non déclarées et sciemment dissimulées à la communauté internationale. En août 2002, le Conseil national de la Résistance iranienne dévoile l'existence du site clandestin de Natanz et de la centrale à eau lourde d'Arak, jusque-là non déclarés à l'AIEA[1]. En 2003, l'AIEA reconnaît formellement l'installation comme site d'enrichissement d'uranium. C'est cette révélation et sa confirmation qui font éclater la crise nucléaire iranienne. Puis, après des négociations infructueuses avec les puissances européennes en 2003-2005, la communauté internationale apprend en 2009 l'existence d'un autre site dissimulé, celui de Fordo, enfoui sous terre dans une zone de montagne, afin de le soustraire aux capacités de surveillance satellitaire de l'AIEA comme des services spéciaux étrangers.

Dès le départ, il existe donc un grave soupçon concernant les véritables intentions de l'Iran quant à son programme nucléaire et aux véritables visées de celui-ci, alors que, dans le même temps, la République islamique raidit sa posture en politique étrangère. S'il ne s'agit pour Téhéran que de bénéficier de l'énergie nucléaire à des fins pacifiques, comme l'y autorise le TNP, pourquoi dissimuler ces activités d'enrichissement qui par nature, si elles sont poussées à leur terme, peuvent mener à poser des jalons importants vers une arme nucléaire ? Et ce d'autant plus que des contrats ont été signés avec des compagnies russes pour livrer le combustible de la seule centrale du pays opérationnelle, à Bushehr, et que l'Iran n'a donc aucun besoin de maîtriser lui-même le cycle du combustible.

Pour aller plus loin

- Mohamed ElBaradei, *The Age of Deception*, Bloomsbury, 2011.
- Mark Fitzpatrick, *The Iranian Nuclear Crisis*, Routledge-IISS, 2008.
- Pierre Goldschmidt, *The IAEA Safeguards System and the Iranian Nuclear Crisis*, Carnegie Endowment for International Peace, 2005.
- Daniel Joyner, *Interpreting the Nuclear Non-Proliferation Treaty*, Oxford University Press, 2011.
- Trita Parsi, *Treacherous Alliance*, Yale University Press, 2007.

1. NCRI, « August 14, 2002 – Revelation of Natanz Site », *NCRI Timeline*, confirmé ensuite par l'AIEA (ElBaradei, rapport BOE, mars 2003).

CHAPITRE 10

« L'Iran n'a pas de programme nucléaire militaire »

Dans ce contexte, les Iraniens, afin de démontrer leur bonne foi, mettent en avant un argument repris par certains commentateurs qui consiste à dire que l'Iran cherche à maîtriser un programme nucléaire qui est en soi pacifique. La preuve en serait que, bien que des activités aient été dissimulées par les Iraniens, ces activités n'ont jamais été menées à des fins de production d'une arme nucléaire. En un mot, l'Iran aura certes tenu secret un programme nucléaire, mais ce programme n'aura jamais été militaire.

Pour répondre à ces allégations, il faut commencer par clarifier ce qui se cache derrière l'expression de programme militaire, qui n'a rien de rigoureux.

Les étapes en vue de la mise au point et de la production d'un engin nucléaire explosif

L'acquisition d'une arme nucléaire employable exige la maîtrise de plusieurs étapes technologiques.

Premièrement, il est nécessaire d'accumuler une quantité de matière nucléaire suffisante (« acquisition », la plupart du temps par enrichissement de l'uranium). Une fois cette quantité accumulée, la matière n'est d'aucune utilité en l'absence d'un dispositif de mise à feu permettant d'initier la réaction nucléaire menant à une explosion : il faut mettre au point un engin nucléaire explosif (« militarisation »). Enfin, une fois l'engin mis au point, il faut le rendre opérationnel, ce qui implique de savoir l'insérer dans un missile, afin qu'il puisse être transporté hors du territoire national et mis à feu de manière à frapper la cible visée (« vectorisation » – cf. *infra* pour un développement spécifique sur le programme de missiles balistiques nucléarisables développé par l'Iran). C'est la maîtrise de ces trois étapes qui permet de dire qu'un pays détient une arme nucléaire opérationnelle et est donc un État possesseur de l'arme. Passons en revue le détail de ces différentes étapes technologiques.

Acquisition

S'agissant de l'acquisition de la matière nucléaire nécessaire, il existe deux voies : une voie uranium (U), consistant à enrichir de l'uranium naturel pour lui donner une concentration suffisante pour faire advenir la réaction souhaitée, et une voie plutonium (Pu), consistant à retraiter cette particule pour la rendre explosive. L'Iran a enregistré quelques progrès dans la voie plutonium grâce au développement d'un petit réacteur de recherche plutonigène. Toutefois, cette voie ayant été rendue impraticable pour plusieurs années par le JCPOA, c'est dans la voie uranium que l'Iran s'est largement engagé et a fait des progrès conséquents. Nous nous pencherons donc ici exclusivement sur les détails de cette voie uranium vers l'arme nucléaire.

L'uranium est présent dans la nature à un état dit naturel, où une particule d'uranium est composée à 1 % environ de son isotope 235 (^{235}U). L'uranium naturel à lui seul, même s'il possède une certaine radioactivité, ne permet pas de faire prospérer une réaction en chaîne de type nucléaire. C'est son isotope 235, potentiellement le plus instable, qui permet cette réaction en chaîne, et a donc été qualifié expérimentalement pour poser les bases d'une réaction nucléaire explosive. C'est là qu'intervient le principe de l'enrichissement de l'uranium, qui consiste à augmenter dans une particule d'uranium sa teneur en isotope 235, augmentant les chances d'une réaction en chaîne. Augmenter la teneur en isotope 235 dans une particule d'uranium, c'est ce qu'on appelle l'enrichissement.

Plusieurs techniques existent, mais l'enrichissement de l'uranium se fait le plus souvent par le procédé de l'ultracentrifugation : on introduit de l'uranium naturel sous forme gazéifiée dans une centrifugeuse qui, en tournant à des vitesses extrêmes, engendre un processus chimique de séparation des isotopes. Ainsi, à l'issue de l'opération, sortiront de la centrifugeuse d'un côté de l'uranium dit appauvri, où la teneur en isotope 235 est plus faible qu'à l'état naturel, et de l'autre côté, en petite quantité, de l'uranium « enrichi » dont la teneur en isotope 235 est supérieure à l'état naturel. La partie appauvrie part au rebut, tandis que l'uranium enrichi peut être réinjecté dans une centrifugeuse afin de séparer à nouveau les isotopes et de ne conserver que les particules enrichies à un taux supérieur, dans une quantité encore diminuée par rapport à l'opération précédente. La répétition de ces opérations permet des enrichissements en cascade et peut être réalisée dans des batteries de centrifugeuses permettant d'enchaîner les opérations.

Il existe des seuils théoriques correspondant aux usages scientifiques qui peuvent être faits des particules d'uranium suivant leur degré d'enrichissement. Il y a un seuil à 1 % environ, qui est celui de l'uranium naturel, tel qu'il est tiré des mines d'exploitation ; un seuil à 4,5 % environ, qui correspond aux usages les plus répandus, suffisant pour pouvoir faire tourner un programme énergétique nucléaire ; un seuil autour de 20 % qui correspond à des usages médicaux essentiellement, exigeant de petites quantités de matière. Au-delà, des particules présentant une teneur en uranium 235 supérieure à 20 % n'ont plus d'usage civil et ne peuvent avoir que des applications militaires : à 60 %, l'uranium enrichi peut être utilisé dans la propulsion nucléaire de sous-marins ; enfin, l'utilisation dans une bombe nucléaire requiert un enrichissement au-delà de 90 %.

Pour des raisons liées à la physique, la courbe de maîtrise des processus d'enrichissement est dite exponentielle : après avoir maîtrisé un seuil, il est plus facile de passer au seuil suivant.

Acquérir la quantité suffisante d'uranium enrichi pour une arme nucléaire suppose deux préalables : (i) accumuler assez de matière pour pouvoir l'utiliser dans un engin nucléaire explosif, (ii) enrichir cette matière à un niveau suffisant (autour de 90 %) pour déclencher une réaction nucléaire susceptible de faire exploser l'engin.

Le degré de maîtrise de cette étape relative à l'acquisition de matière s'apprécie donc en fonction de la quantité de matière accumulée et du degré d'enrichissement atteint, mais aussi des capacités d'enrichissement installées et utilisables pour enrichir au niveau militaire, c'est-à-dire du nombre de centrifugeuses installées, de leur qualité et du nombre d'opérations de séparation d'isotopes qu'elles peuvent mener à bien sans casser, ainsi que du temps nécessaire. En fonction de ces variables, on peut calculer, à un instant donné, le temps qui sépare un pays du moment où il aura accumulé, par des opérations d'ultracentrifugation successives, une quantité de matière suffisante à la production d'une arme nucléaire. Ce seuil, appelé « quantité significative », est fixé par convention à environ 25 kg de ^{235}U enrichi à 90 %. En d'autres termes, pour pouvoir fabriquer une bombe nucléaire, il est nécessaire de disposer d'au moins 25 kg d'uranium 235 enrichi à 90 % – soit au départ plusieurs centaines de kilogrammes d'uranium naturel à 1 % enrichi par centrifugations successives jusqu'à 90 %.

De cette définition découle ce qu'on appelle le « temps de *break-out** », c'est-à-dire le temps nécessaire, étant donné les installations d'enrichissement dont dispose le pays, à l'enrichissement d'assez de matière pour parvenir à cette quantité suffisante pour un premier engin nucléaire explosif. Ce temps de *break-out* ne dépend donc pas uniquement de la quantité de matière ou du degré d'enrichissement atteint ou affiché. Un pays qui enrichit peu mais qui possède une infrastructure massive d'enrichissement installée pourra, s'il en prend la décision, enrichir rapidement la quantité de matière nécessaire. Tout dépend des capacités d'enrichissement installées et de leur performance.

Militarisation

Deuxième étape technologique après l'acquisition de la matière, la mise au point d'un engin nucléaire exige la maîtrise de plusieurs technologies, notamment la capacité à fondre la matière accumulée et à la stabiliser dans du métal hautement résistant (technologie dite de l'uranium-métal*), afin de la figer dans un engin explosif stable, renfermant la matière dans un état permettant à la fois de la stocker sans qu'elle n'explose et de la faire exploser sur demande. Cela implique aussi de détenir les plans d'un engin explosif, donc de disposer des compétences pour le développer sans aide extérieure, ou bien de se les procurer auprès de réseaux ou de pays proliférateurs. Il est aussi nécessaire de mener des expériences de mise à feu, ce qui implique entre autres de maîtriser des éléments de détonique et de posséder des simulateurs informatiques suffisamment puissants.

Ne sont mentionnées ici que les activités les plus connues, car les processus et les étapes de la mise au point puis de la fabrication d'un engin nucléaire explosif ne sont connus dans le détail que des puissances dotées ou qui possèdent l'arme nucléaire.

En tout état de cause, les activités liées à l'uranium-métal, à la détonique et à la simulation d'une explosion sont des activités spécialisées dans la mise au point d'un engin nucléaire explosif, et qui, en toute logique, n'ont aucune autre visée que militaire.

Vectorisation

La mise à feu d'une arme et la possibilité de l'employer dans le cadre d'une frappe exigent de l'installer dans un missile. Cela implique deux choses : (i) maîtriser le processus de miniaturisation, c'est-à-dire être capable de construire un engin explosif qui soit assez petit pour entrer dans une ogive nucléaire et dans un missile, (ii) posséder un missile qui soit nucléarisable, c'est-à-dire qui ait la capacité technique d'accueillir une ogive nucléaire et qui présente les caractéristiques requises pour la délivrer sur les cibles visées.

Le point de vue le plus partagé au sein de la communauté internationale est qu'est nucléarisable tout missile de catégorie I du MTCR* (*Missile Technology Control Regime*, groupe de pays contrôlant la prolifération des missiles au niveau mondial). Cette catégorie I recouvre tout missile techniquement capable d'emporter une charge utile de 500 kg sur une portée de 300 km.

Programme militaire ; activités à visée militaire ; activités n'ayant d'autre justification possible que d'ordre militaire

Au vu de ce qui précède, prétendre pouvoir distinguer entre programme nucléaire civil et programme nucléaire militaire est fallacieux. En réalité, un programme conçu pour avoir des visées exclusivement civiles comporte forcément des activités qui peuvent être détournées à des fins militaires. À l'inverse, tout programme nucléaire militaire, c'est-à-dire visant la fabrication d'un engin nucléaire explosif, se fonde pour une part sur des technologies dont la maîtrise est également requise pour le développement d'un programme nucléaire civil. D'où la nécessité d'un contrôle qui se focalisera sur de multiples paramètres, et en particulier sur les paramètres les plus signifiants quand il s'agit de distinguer entre visées civiles et visées militaires. C'est le cas en particulier des activités de militarisation, qui ne sont justifiées que dans le cadre du développement d'un engin nucléaire explosif. Ce qui ne veut pas dire, *a contrario*, que l'absence d'activités de militarisation implique qu'un programme est exclusivement civil : un pays peut très bien enrichir de grandes quantités de matière et parvenir à plusieurs quantités significatives, tout en évitant de se lancer dans des activités de militarisation, qu'il garde pour plus tard.

Au total, pour avoir une vue impartiale de la situation, la distinction entre programme civil et programme militaire est inopérante. Il faut plutôt distinguer entre activités à visée civile et activités à visée militaire, tout en regardant l'écosystème dans lequel ces activités évoluent, et le lien entre elles.

Même si un pays est loin de pouvoir mettre au point une bombe atomique, son programme peut comporter des activités dont les visées militaires ne font pas de doute. C'est le cas des activités qui n'ont de visée que militaire, par exemple les activités liées à la détonique. C'est le cas aussi des activités couramment considérées comme civiles, si elles sont menées à un degré incompatible avec ces visées civiles. Par exemple, enrichir de l'uranium à 5 % ne comporte pas de visée militaire évidente. Toutefois, enrichir une quantité massive d'uranium à 5 %, tout en mettant en place les infrastructures (centrifugeuses notamment) permettant d'enrichir, dans un deuxième temps et très rapidement, de 5 % à 20 ou 60 %, fait naître un doute quant aux objectifs visés. Dans le même ordre d'idées, produire une grande quantité d'uranium à 20 %, sans fournir de justification médicale, fait naître un doute raisonnable : le pays en question souhaite-t-il s'arrêter à 20 %, ou est-il en train de se constituer un stock d'uranium enrichi à ce seuil intermédiaire en vue de passer rapidement à l'enrichissement à 60 puis à 90 % une fois ce stock accumulé ? De même, mener des activités de manière secrète ou négliger de déclarer leur existence fait évidemment naître un doute.

Enfin, au-delà des considérations techniques, l'appréciation de la dangerosité d'un programme nucléaire, et sa qualification, est une affaire politique. Cette appréciation se matérialise en premier lieu au Conseil des gouverneurs de l'AIEA, où chaque État est libre d'exprimer sa propre qualification dudit programme. À cet égard, on constate que le programme iranien est soutenu de manière ouverte par des pays qui ont aussi des activités cachées ou bien qui sont des alliés politiques de la République islamique, en premier lieu la Corée du Nord, la Syrie ou le Venezuela.

Pour aller plus loin

- David Albright et Sarah Burkhard, *Iran's Perilous Pursuit of Nuclear Weapons*, ISIS, 2021.
- Mark Fitzpatrick, *The Iranian Nuclear Crisis*, Routledge-IISS, 2008.
- IAEA, *Reports on Iran's Nuclear Programme*, notamment novembre 2011, juin 2022.
- International Crisis Group, *Solving the Iranian Nuclear Puzzle*, 2022.

CHAPITRE 11

« L'Iran n'a jamais mené d'activités nucléaires à visée militaire »

La suite du raisonnement légitimant le programme nucléaire iranien consiste à dire que, malgré les soupçons qu'on peut avoir, l'Iran n'a jamais mené d'activités nucléaires à caractère militaire. Cela est tout simplement faux et a été documenté par la communauté internationale.

Le rapport de l'AIEA de décembre 2015

Dans le cadre des négociations nucléaires du JCPOA, les grandes puissances nucléaires ont exigé que l'Iran se soumette, en guise de mesure de confiance préalable, à un examen sur le passé de son programme nucléaire, afin de clarifier les soupçons qui ont toujours pesé quant à la « possible dimension militaire » (*Possible Military Dimension* [PMD]) de ses activités nucléaires antérieures.

L'AIEA a été chargée d'enquêter sur ces activités passées, et a établi un rapport en décembre 2015, intitulé *Évaluation finale des questions passées et présentes en suspens concernant le programme nucléaire iranien*. Ce rapport présente deux conclusions majeures. Premièrement, l'AIEA établit que l'Iran a bien poursuivi des activités nucléaires de nature militaire, et ce au moins jusqu'en 2005.

Deuxièmement, l'AIEA indique que ce programme a été poursuivi de manière structurée, donc intentionnelle et rationalisée, au moins jusqu'en 2003. De fait, jusqu'en 2003 au moins, les Iraniens avaient mis sur pied, au sein du ministère de la Défense, une administration qui menait un projet identifié sous le nom de « code AMAD », explicitement cité dans le rapport de l'AIEA, comportant de nombreuses recherches et expériences sur des activités qui n'ont de justification possible que d'ordre militaire – comme des expériences de détonique[1] et de simulation d'explosion nucléaire. Ce caractère structuré, c'est-à-dire l'existence d'un programme cohérent faisant sens militairement, conçu et mené en tant que programme militaire par les ingénieurs du ministère de la Défense, est établi selon l'AIEA jusqu'en 2003, puis des activités militaires continuent de prospérer, sans qu'il soit possible pour l'AIEA de confirmer ce caractère structuré à partir de 2003 – ce qui ne veut pas nécessairement dire qu'il n'existe plus. Il n'est pas établi que ce programme ait bien été démantelé. Les autorités peuvent tout à fait avoir mis en sommeil le projet AMAD, tout en sauvegardant pour plus tard les compétences développées et les avancées acquises, ou bien avoir laissé prospérer les activités militaires en les dissimulant mieux.

Explosion de la quantité de matière et de son degré d'enrichissement en dehors de toute justification civile crédible

L'AIEA ne se prononce pas sur la cohérence d'une qualification du caractère militaire du programme mené par l'Iran après 2005. Or, outre ce qui a pu se passer entre 2005 et 2015, notamment sous la présidence de Mahmoud Ahmadinejad, qui décide de relancer à

1. IAEA PMD report annexe 2015 : « *conversion experiments [...] conversion to uranium metal components [...] fuzing and EBW detonator tests* ».

plein les activités nucléaires, le programme iranien soulève encore aujourd'hui de nombreux soupçons.

Voyons l'état des lieux des activités nucléaires iraniennes dans chacun des trois domaines exposés plus haut : acquisition, militarisation, vectorisation.

En mai 2024, l'AIEA a constaté que les stocks d'uranium enrichi présents en Iran étaient supérieurs de trente fois à la limite autorisée par le JCPOA. Cette donnée est en soi problématique : les Iraniens disposent de largement assez de matière enrichie pour produire un engin nucléaire explosif. Mais cette donnée ne rend pas compte à elle seule de l'ampleur de la violation par l'Iran des restrictions relatives à l'acquisition de matière, ni de la dangerosité avec laquelle le pays s'approche du *break-out* : il faut lui ajouter les informations relatives au degré d'enrichissement atteint par cet uranium stocké. Or, l'Iran a procédé à l'enrichissement de la moitié de ce stock jusqu'à 20 % en alléguant des expériences de recherche médicale, alors que ce domaine n'exige que de petites quantités de matière enrichie, sans commune mesure avec les stocks accumulés. Surtout, l'Iran a enrichi une quantité significative de matière à 60 %, degré d'enrichissement dont la seule justification plausible est de nature militaire.

Selon des rapports de l'AIEA et de Reuters, en février-mars 2023, des particules d'uranium enrichi à 83-84 % ont été identifiées dans des centrifugeuses à Fordo. Téhéran a affirmé que cette valeur provenait d'une anomalie technique[1]. En tout état de cause, un tel degré d'enrichissement est quasiment militaire (« *quasi weapon grade* » selon l'AIEA).

Par ailleurs, il faut aussi croiser les données de ces violations avec celles relatives aux capacités d'enrichissement installées par les Iraniens, qui étaient drastiquement restreintes par les dispositions du JCPOA, dont ils se sont largement affranchis. Ainsi, l'Iran fait tourner des milliers de centrifugeuses avancées, interdites par le JCPOA

1. Reuters, « US, European Powers Express Alarm at Iran Enriching Uranium to 84 % », 8 mars 2023 ; Al Jazeera, « Iran Denies Enriching Uranium to 84 % Purity », 20 février 2023.

car elles sont capables d'enrichir rapidement et sans contrainte technique à des niveaux proches de la qualité militaire.

Que peut-on déduire du croisement de toutes ces données ? Un bon indicateur est le calcul du temps de *break-out*, le temps qui sépare l'Iran de l'acquisition de la quantité de matière suffisante pour produire une arme. Selon les spécialistes, ce temps de *break-out*, calibré à une année par le JCPOA, est tombé à quelques semaines tout au plus, voire quelques jours selon certains observateurs.

Entraves aux inspections

À toutes ces violations s'ajoutent les nombreuses entraves mises par les Iraniens à la coopération avec les inspecteurs de l'AIEA, multipliant les possibilités de dissimulation d'activités prohibées et grossissant le flou entourant l'état réel du programme et le temps de *break-out* exact.

Depuis 2021, l'Iran a systématiquement empêché l'AIEA d'exercer une surveillance complète : refus de prolonger ou d'accorder des visas à des inspecteurs clés, expulsion d'équipes et retrait de caméras et d'accès[1]. L'absence de surveillance par caméra permet de moduler les degrés d'enrichissement à la hausse entre deux inspections physiques, pour ensuite les réduire à l'arrivée des inspecteurs suivants, sans qu'une telle opération ne puisse être enregistrée par les caméras, hypothèse qui expliquerait du reste la présence de particules enrichies à 84 % constatée par les inspecteurs.

Les Iraniens justifient ces violations du JCPOA en arguant qu'il s'agit de mesures de rétorsion répondant à la sortie des États-Unis du JCPOA. Or, l'Iran n'est pas seulement en contravention au JCPOA, mais aussi à de nombreuses obligations hors du JCPOA, qui découlent d'autres engagements liant le pays, à commencer par le TNP.

1. AP News, « What to Know about Inspections », avril 2025 ; Reuters, accès refusés et barrages d'inspecteurs, 2021 et 2024 ; cf. aussi : IAEA GOV/INF/2019/8 et 2023/24.

L'Iran refuse d'expliquer la provenance de plusieurs particules enrichies détectées par l'AIEA sur des sites non déclarés, dont l'existence a été révélée à la suite de l'opération menée par le Mossad ayant abouti au vol d'archives relatives au programme nucléaire iranien. Ces archives mentionnaient l'existence de plusieurs sites inconnus de l'AIEA car ils ne figuraient pas dans les déclarations des autorités iraniennes. Or, les inspecteurs ont découvert sur place des particules de matière enrichie, dont la présence ne s'explique d'aucune manière convaincante hors de l'hypothèse de l'existence d'activités antérieures d'enrichissement sur ces sites. L'Agence a demandé des explications aux autorités iraniennes sur ces particules, au fil d'un processus de questions-réponses qui a duré plusieurs années sans aboutir à une justification plausible. Jugeant l'affaire suffisamment sérieuse, l'AIEA a commencé à publier un nouveau rapport récurrent sur ces sujets, en plus des rapports concernant la mise en œuvre des mesures découlant du JCPOA. À ce jour, l'AIEA indique n'avoir reçu aucune réponse probante et pointe de plus en plus clairement ce qu'elle qualifie de manque de coopération et de bonne foi de la part des Iraniens, fait inédit pour l'Agence.

Activités de militarisation interdites

Les Iraniens ont lancé des expérimentations relatives à l'uranium-métal, technologie qui n'a d'autre visée possible que de fondre la matière fissile dans un engin explosif[1]. Les Iraniens soutiennent que toutes ces activités ne relèvent que de l'expérimentation, et ne sont donc pas prohibées, ce qui est faux : toute activité liée à la militarisation fait l'objet d'une interdiction claire formulée dans la section T du JCPOA, et est par ailleurs contraire au TNP dans la mesure où elle n'a d'autre justification que militaire.

1. United Against Nuclear Iran *via* IAEA 2021 : « *Iran produced uranium metal [...] IAEA discovered 3.6 g...* » ; CSIS 2022.

Il est à noter que les activités listées ici ne sont que les activités sur lesquelles la communauté internationale a une relative visibilité, et dont elle connaît l'existence. Or, l'Iran présente un historique d'activités sciemment dissimulées à la communauté internationale, à l'origine même de la crise de prolifération iranienne. Outre les soupçons qui pèsent sur les finalités de ces activités connues, on ne peut exclure que les Iraniens mènent d'autres activités à visée militaire.

Enfin, toutes ces activités sont à apprécier aussi au regard des progrès concomitants des programmes de missiles iraniens, afin de jauger les progrès accomplis dans la maîtrise de l'étape de la vectorisation d'une arme. Or, l'Iran développe un programme de missiles balistiques, le plus diversifié et le plus complet de la région, missiles qui sont quasiment tous nucléarisables et font depuis plusieurs années l'objet d'emploi en conditions réelles (cf. *infra*).

L'accumulation de toutes ces violations dans tous les domaines (acquisition de matière, militarisation, vectorisation), couplée à l'historique du programme, dessine une situation où le soupçon est extrêmement prégnant quant aux finalités poursuivies par le programme nucléaire iranien. La question n'est pas de qualifier le programme de militaire ou de civil, elle est de constater que l'Iran observe un comportement hautement problématique, qui nourrit un soupçon fort et légitime quant aux visées de ce programme.

Pour aller plus loin

• David Albright et Olli Heinonen, *The Physics of the Iranian Nuclear Archive Documents*, ISIS Reports, 2020.
• Olli Heinonen, *The PMD File*, Belfer Center, 2016.
• Mark Hibbs, *Iran's Nuclear Odyssey*, Carnegie Endowment for International Peace, 2015.
• IAEA, *Final Assessment on Past and Present Outstanding Issues Regarding Iran's Nuclear Programme*, 2 décembre 2015.

CHAPITRE 12

« Le JCPOA assurait que l'Iran n'avait pas de programme militaire »

L'étape suivante du raisonnement consiste à défendre l'idée suivante : que l'Iran mène ou non des activités nucléaires à visée militaire, le JCPOA a privé d'objet les interrogations de cet ordre puisque, précisément, il gèle le programme nucléaire iranien, et assure donc par là même que l'Iran n'entreprendra pas d'activités à visée militaire.

C'est méconnaître ce qu'est le JCPOA.

Ce qu'est le JCPOA

Le JCPOA est un accord conclu entre l'Iran et les cinq puissances dotées au sens du TNP (États-Unis, Royaume-Uni, France, Russie, Chine) ainsi que l'Allemagne. L'Union européenne s'est également ajoutée aux négociations et participe en tant que telle, représentée par le Service européen pour l'action extérieure, en qualité de coordinateur de la mise en œuvre de l'accord.

Concrètement, l'accord se présente comme un document de plus de cent pages, listant et détaillant les engagements de chaque partie : d'un côté, l'Iran, qui prend des engagements visant à geler son programme nucléaire en prenant des mesures portant sur tous les aspects liés à son développement, de l'autre, les grandes puissances, dont les engagements se résument à lever les sanctions pesant sur l'Iran, en contrepartie des engagements pris par Téhéran, et de la vérification de leur bonne mise en œuvre – cette mission de vérification étant confiée à l'AIEA, qui n'est pas partie à l'accord.

Politiquement, le JCPOA est l'aboutissement d'un marathon de négociations entre l'Iran et les autres négociateurs. Ces négociations démarrent en 2012-2013 quand le président Obama décide d'engager de premiers pourparlers secrets en Oman avec une délégation iranienne. Ces négociations, que le JCPOA vient couronner, sont elles-mêmes l'aboutissement de vingt années de crise nucléaire iranienne, qui n'a fait que s'approfondir au fil du temps, depuis la découverte du site d'enrichissement de Natanz en 2002, puis de celui de Fordo en 2009.

La densité de l'accord et la précision de ses dispositions, qui règlent jusqu'au moindre détail tel que le nombre de composants autorisés à être produits pour chaque modèle de centrifugeuse, reflètent l'absence totale de confiance des négociateurs vis-à-vis des Iraniens, méfiance qui découle elle-même de l'historique du soupçon lié aux activités iraniennes passées et du manque de coopération de Téhéran avec l'AIEA. Comme le soulignera Obama lui-même au moment de l'annonce à la nation américaine de la conclusion de l'accord, le JCPOA n'est pas basé sur la confiance, il est basé sur la vérification.

Le JCPOA : pari géopolitique des puissances occidentales

Le JCPOA est un pari. Les Américains font le constat que la République islamique représente, notamment par son programme nucléaire hors de contrôle, un danger de plus en plus grand au Moyen-Orient et au-delà. Or, les États-Unis cherchent précisément à engager leur « pivot » vers l'Asie, qui exige un désengagement du Moyen-Orient. L'administration Obama s'engage dans ce marathon de négociations aboutissant au JCPOA, précisément pour pouvoir se désengager du problème iranien. Le raisonnement est le suivant : le temps de la durée de vie de l'accord, la levée des sanctions économiques, en contrepartie du gel du programme nucléaire, produira une ouverture économique de l'Iran et permettra donc de gagner du temps. Et elle entraînera peut-être à son tour une libéralisation politique du régime. Au fond, le JCPOA relève d'une volonté de régler pour un temps la crise de prolifération nucléaire iranienne en espérant que, chemin faisant, l'Iran connaîtra un changement qui rendra ce règlement définitif. Trois ans après le Mouvement vert de 2009, les Américains font le pari que la levée des sanctions aboutira à donner de l'oxygène non pas au régime mais à la société civile iranienne qui a montré sa résilience et son appétit de changement. La durée du gel du programme iranien est calibrée dans cette optique : les restrictions du JCPOA sont fixées par les négociateurs américains pour dix ans. En d'autres termes, l'accord consiste à geler le programme iranien pendant dix ans, de 2015 à 2025, en tablant sur le fait que, d'ici là, l'ouverture permise par la levée des sanctions conduira à des évolutions. S'il y a changement de régime, le programme nucléaire iranien ne sera plus une préoccupation aussi impérieuse, car l'Iran aura été normalisé et l'objet même du JCPOA se sera éteint de lui-même.

Les dirigeants de la République islamique font le pari inverse : ils comptent tenir bon durant ces dix années, et ensuite, une fois les restrictions du JCPOA éteintes, reprendre leur programme nucléaire de manière pleine et entière, dans une position renforcée, car ils auront apporté la preuve de leur bonne foi au-devant de la communauté internationale, et pourront arguer que la crise nucléaire iranienne aura été réglée par le JCPOA.

Teneur et portée des engagements

Ces dix années de gel résultent d'un canevas de dispositions techniques conçues et calibrées pour verrouiller le maintien d'un temps de *break-out* d'une année, et ce durant dix ans. La pleine application du JCPOA assure donc, en théorie, que l'Iran restera durant dix ans, de 2015 à 2025, à au moins une année d'accumuler la matière fissile nécessaire à la fabrication d'une arme. En d'autres termes, si l'Iran devait prendre la décision de lancer une course à l'arme à un moment quelconque pendant les dix années où seront en vigueur les principales dispositions du JCPOA, l'accord garantirait qu'il faudrait au moins un an avant que le pays franchisse la première étape, celle de l'acquisition de la matière. Resteraient ensuite les deux étapes de la militarisation et de la vectorisation. Le JCPOA ménage ainsi un cadre géopolitique dans lequel les puissances signataires ont un an pour réagir à une telle éventualité. Si l'on ajoute les étapes de militarisation et de vectorisation, les experts estiment en 2015 que l'Iran est à deux années ou deux années et demie d'une arme nucléaire pleinement employable[1] – dans l'hypothèse d'une mise en œuvre parfaite du JCPOA.

Les paramètres du programme nucléaire iranien sont ajustés pour parvenir à ce *break-out* d'un an durant dix ans : nombre de centrifugeuses autorisées, interdiction d'utiliser et de développer certains types de centrifugeuses en fonction de leur puissance, quantité de matière autorisée, degré d'enrichissement autorisé de cette matière, capacités de recherche et développement sur les centrifugeuses les plus avancées, etc. C'est de ce calcul, et uniquement de lui, que découle ce qui est considéré comme le cœur du JCPOA, qui ne correspond en réalité à aucun seuil scientifique, à savoir l'autorisation de stockage de 300 kg d'uranium enrichi à 3,67 %.

1. ISIS Briefing, *Breakout Timelines under JCPOA Type Limits* : « *agreed limits would require 12 months to produce enough WGU [...] reimpose [...] today only 4-5 months* ».

En effet, combinés au nombre de centrifugeuses autorisées à être installées sur tout le territoire aux fins d'enrichissement de l'uranium (5 060 centrifugeuses de première génération durant les premières années du JCPOA), ces seuils garantissent que l'Iran, s'il devait s'engager dans une course à la bombe, ne parviendrait à la quantité suffisante d'uranium de qualité militaire qu'en une année complète d'opérations d'enrichissement.

En résumé, dire que le JCPOA garantit que le programme nucléaire iranien n'est pas militaire n'a pas de sens. En réalité, ce qu'assure le JCPOA n'est ni plus ni moins que ceci : dans le cas de sa pleine application, et dans le cas où la République islamique ne dissimulerait aucune activité aux contrôles de l'AIEA, l'Iran sera, durant dix ans, à un an d'accumuler la matière nécessaire à une arme. Ainsi, si, au beau milieu de ces dix années, l'Iran devait prendre la décision de lancer une course à l'arme, la communauté internationale s'est ménagé une marge de sécurité d'une année durant laquelle elle pourra intervenir pour stopper cette course.

Or, dès les premières années de mise en œuvre du JCPOA, l'Iran a multiplié les actions mettant en cause cet équilibre et a nourri les soupçons de possibles visées militaires.

Les premiers mois de mise en œuvre de l'accord, durant la fin du mandat d'Obama

Dès le départ, les Iraniens font preuve de mauvaise foi dans la mise en œuvre de leurs engagements, en soulevant des difficultés sur des points de détail. La communauté diplomatique, sous l'égide de l'Union européenne, coordinatrice de la mise en œuvre de l'accord, doit multiplier les réunions visant à aplanir les difficultés pour éviter que l'Iran ne se retrouve en situation de manquement en raison d'interprétations divergentes du texte de l'accord, pourtant éminemment précis. Durant ces réunions, les Iraniens font preuve d'intransigeance et rejettent en bloc les interprétations des autres puissances sur l'implication des moindres points de détail techniques, s'agissant de la définition à donner des termes. Exemple symptomatique : l'Iran n'a le droit de produire que 130 tonnes d'eau lourde. Or, parvenant à environ 130 tonnes, les Iraniens déclarent qu'ils continueront à produire de l'eau lourde, et se retrouveront donc en excès par rapport au seuil fixé par l'accord, sauf à ce que les autres signataires règlent ce problème. Et ce pour la seule raison que l'accord n'oblige pas expressément l'Iran à se débarrasser de sa production en excès, et qu'il revient donc aux autres signataires de l'accord de trouver une solution, par exemple en achetant l'eau lourde qui sera produite en excès. Les Iraniens multiplient ce genre de postures, obligeant les autres signataires à investir temps et énergie dans la recherche de solutions visant à éviter toute situation de manquement, que l'Iran lui-même ne cherche en rien à éviter.

La politique iranienne de less for less *sous le mandat de Trump : sortie des engagements du JCPOA calibrée pour ne pas susciter de crise*

L'Iran tire ensuite parti de la sortie américaine de l'accord pour mettre en œuvre des mesures qu'il présente comme des mesures de rétorsion. Ces mesures sont en fait des violations flagrantes par l'Iran de ses engagements : Téhéran justifie ses actions en arguant qu'il réagit à la violation par les autres signataires de l'accord, alors que tous les signataires ont bien mis en œuvre leur part des engagements, puisque les sanctions onusiennes comme européennes ont bien été levées, et le restent quand bien même Washington réimpose ses sanctions propres. Ce faisant, d'un côté, l'Iran maintient en vie le JCPOA et refuse d'en sortir à son tour, tandis que de l'autre côté,

Téhéran s'applique dans le même temps à en vider progressivement la substance, de sorte que, *in fine*, plus aucune des restrictions du JCPOA ne trouve à s'appliquer, alors même que Téhéran continue à feindre de croire que l'accord reste vivant, applicable et opposable aux Américains et aux autres puissances.

Les Iraniens calibrent ces mesures pour qu'elles aient un impact grandissant avec le temps en termes de prolifération. Il s'agit d'abord d'une augmentation sans grande conséquence du degré d'enrichissement de l'uranium, de 3,67 % autorisés à 4,5, voire 5 %, ce qui, en termes scientifiques, ne revêt aucune portée significative. Toutefois, les Iraniens mettent bientôt en œuvre un enrichissement à 20 %, tout en expliquant qu'il ne s'agit que de procédés très limités voués uniquement à la recherche[1]. De fait, ils enrichissent d'abord de très petites quantités, compatibles avec les buts médicaux affichés. Mais, quelques mois plus tard, ils lancent des opérations d'enrichissement massif à 20 %, sans aucune justification crédible. Téhéran augmente aussi les stocks de matière enrichie, des 300 kg autorisés à plusieurs tonnes. Puis, les Iraniens annoncent qu'ils remettent en cause la neutralisation du réacteur à eau lourde d'Arak. Il s'agit d'un réacteur plutonigène, qui, avant le JCPOA, ouvrait théoriquement à l'Iran l'accès à une arme atomique par la voie plutonium, *via* le retraitement du combustible de ce réacteur. Une des mesures préliminaires du JCPOA a été de couler du béton dans le cœur de ce réacteur, et de lancer des travaux, sous l'égide chinoise, visant à modifier la structure du cœur, afin de neutraliser son potentiel plutonigène et ainsi de condamner cette voie plutonium vers une arme. Cette première opération a bien été réalisée (c'était une des mesures primordiales qui devaient être mises en œuvre dès le départ pour enclencher l'entrée en vigueur du JCPOA), mais la reconfiguration du design du réacteur n'a pas eu lieu, car les Iraniens ont fait traîner le processus en longueur. Dans ce contexte dilatoire, ils ont finalement entrepris de percer le béton qui avait été coulé dans

1. CSIS/Pollack, « Iran's Evolving Nuclear Program ».

le cœur du réacteur, actant ainsi leur volonté de lever le verrou sur la voie plutonium vers une arme.

Ces mesures ont été mises en œuvre de manière progressive et incrémentale, afin qu'aucune nouvelle étape ne soit perçue comme une rupture irréversible, et en prenant soin, à chaque étape, de contextualiser les mesures prises, en arguant qu'il s'agissait de rétorsion. Ce faisant, les Iraniens se sont progressivement affranchis de toutes les restrictions auxquelles ils s'étaient eux-mêmes engagés au titre du JCPOA.

En décembre 2020, alors que Joe Biden vient d'être élu à la présidence américaine, le Majles iranien vote une loi qui affranchit encore davantage l'Iran des contraintes du JCPOA. Le gouvernement Rohani applique cette loi avec toute la diligence requise, et va même plus loin, en enrichissant deux fois plus de matière à 20 % que ce qui est exigé dans le texte.

Il est donc erroné de dater la politique iranienne de destruction des restes du JCPOA de l'élection de Raissi : à la fin du mandat de Rohani, l'Iran s'était affranchi de nombreuses mesures restrictives structurantes et enrichissait des quantités de matière suffisantes pour une arme à des niveaux sans justification civile, tout en maintenant, contre toute évidence, la fiction d'un JCPOA toujours vivant et produisant toujours ses effets.

Ce qui change après l'élection de Biden, puis après celle de Raissi, c'est que, alors même que les négociations finissent par reprendre avec les Américains puis avec les autres puissances signataires de l'accord, les Iraniens ne prennent plus la peine de justifier leurs actions démantelant le JCPOA. Ils mettent en œuvre des mesures extrêmes, qui constituent autant d'obstacles au retour à un accord, même plus léger que le JCPOA : enrichissement à 60 % sans aucune justification civile, expulsion d'inspecteurs, entraves aux inspections, dépassement sans précédent de tous les seuils, lancement d'activités à visée uniquement militaire, telles que celles relatives à l'uranium-métal.

Pour aller plus loin

• IAEA, *Verification and Monitoring in the Islamic Republic of Iran*, rapports 2016-2019.
• Suzanne Maloney, *Obama's Iran Strategy*, Brookings, 2015.
• Richard Nephew, *The Art of Sanctions*, Columbia University Press, 2017.
• Trita Parsi, *Losing an Enemy*, Yale University Press, 2017.

CHAPITRE 13

« L'Iran ne veut pas la bombe, il veut "être au seuil" »

En réponse à ce qui précède, on entend souvent dire que l'Iran ne souhaite pas réellement acquérir une arme nucléaire, mais seulement obtenir une assurance-vie, une force de dissuasion face à ses voisins, bref, que l'Iran souhaite « être au seuil ».

Le « seuil » nucléaire est une notion commode pour schématiser une situation complexe, mais dépourvue de définition rigoureuse. Elle est utile pour décrire l'état d'un rapport stratégique entre un pays possédant un cycle nucléaire et son environnement. Cette notion de seuil désigne le fait que, sans maîtriser entièrement la technologie de l'arme nucléaire, on en est assez proche pour envoyer au monde un signal indiquant que toute action hostile pourrait entraîner la décision de franchir ce seuil. La raison d'être d'un tel comportement stratégique est d'établir une relation de dissuasion envers les adversaires potentiels.

Ainsi, la notion de seuil rejoint celle de *break-out* : un pays qui se trouve à une année du *break-out* (comme l'Iran dans l'hypothèse d'une mise en œuvre complète du JCPOA) n'est pas encore au seuil, car une année entière le sépare de l'acquisition de l'intégralité de la matière nécessaire, ce qui ménage un délai permettant de prendre des mesures pour l'en dissuader ou l'en empêcher, le cas échéant, par la force. En revanche, s'agissant d'un pays qui se trouve à quelques semaines seulement du *break-out*, il n'est pas absurde de qualifier cette situation de « seuil », surtout si le pays en question développe en parallèle des technologies de militarisation et de vectorisation, ou des éléments de doctrine de dissuasion, tels que des menaces d'emploi. C'est la totalité de l'environnement du programme nucléaire ainsi considéré qui constitue un signal envers les adversaires potentiels du pays en question. L'effectivité d'une posture du seuil se traduit dans la réaction des adversaires potentiels.

Ainsi, dire que les Iraniens cherchent à être un « État du seuil » est une facilité de langage. Ils cherchent plus exactement à moduler un signal qui pourra être compris par leurs adversaires comme rendant crédible leur posture stratégique. Or, les Iraniens assortissent le développement de leur programme de nombreuses activités qui n'ont aucune justification civile crédible et qui ne font sens que dans une trajectoire vers l'acquisition de la technologie permettant de mettre au point une arme nucléaire, et y ajoutent des menaces rhétoriques explicites.

En réalité, au vu de l'état d'avancement du programme iranien en termes d'acquisition, mais aussi dans les domaines de la militarisation et de la vectorisation, on peut considérer que l'Iran est, dès aujourd'hui, au seuil. En effet, le programme nucléaire iranien est si avancé qu'il démontre la détermination de l'Iran à en faire un axe stratégique, tout en se gardant de démonétiser entièrement l'hypothèse selon laquelle ce programme resterait à visée civile.

Cette ambiguïté n'est pas nouvelle : les Iraniens en jouent habilement depuis le début de la crise nucléaire. En maintenant ouvert le canal du dialogue, en se prêtant au jeu des négociations, tout en évitant qu'elles ne mènent à des concessions irréversibles et en ménageant toutes les options ouvertes pour l'avenir, ils ont œuvré pour maintenir une ambiguïté intrinsèque au développement de leur programme nucléaire, rendant plausibles aussi bien les justifications civiles que les justifications militaires et interdisant de trancher catégoriquement entre les deux. C'est précisément le maintien de cette ambiguïté qui exerce un pouvoir de dissuasion et qui a permis aux Iraniens, sous son couvert, de développer leur programme nucléaire sans provoquer de réaction de force, et de le faire avancer jusqu'à un point proche de visées militaires explicites.

Ainsi, il est cohérent de considérer que l'Iran se trouve bien sur une trajectoire qui mène à la maîtrise de l'arme nucléaire, et qu'il avance sur cette trajectoire sans être stoppé par ses adversaires. Ce qui peut constituer une définition cohérente de l'expression « État du seuil ».

Pour aller plus loin

- David Albright et Sarah Burkhard, *Iran's Breakout Timeline*, ISIS, 2022.
- Kelsey Davenport, *Nuclear Timelines and Iran's Program*, ACA, 2022.
- Behnam Ben Taleblu, *Threshold Strategy*, FDD, 2023.
- Bruno Tertrais, *Le Bluff iranien*, Odile Jacob, 2011.

CHAPITRE 14

« Il y a une fatwa qui interdit l'arme nucléaire »

Dernier argument classique, l'argument d'autorité brandi par les Iraniens, consistant à dire que tout cela n'est qu'un vaste malentendu, que les Iraniens ne peuvent pas vouloir l'arme nucléaire, puisqu'elle est de toute façon interdite en islam. Selon cet argument, le Guide suprême aurait déclaré par fatwa* que l'arme nucléaire était *haram**. Donc l'Iran islamique, où un interdit religieux aurait encore plus de poids qu'un interdit politique ou juridique, ne bravera jamais cet interdit et n'obtiendra jamais l'arme nucléaire.

C'est d'ailleurs un argument que les négociateurs iraniens eux-mêmes ont mis en avant, y compris durant les négociations du JCPOA. Ils ont ainsi prétendu que les opérations effectuées, telles que l'enrichissement à 60 % ou les expérimentations sur l'uranium-métal, qui n'ont pourtant aucune justification possible autre que militaire, ne pouvaient pas être une étape vers la mise au point d'une arme, puisqu'une telle arme était illicite en islam. Il fallait donc considérer ces mesures comme de simples tests, qui n'avaient vocation à aboutir à rien de spécial.

Qu'en est-il réellement ? Pour comprendre, il faut démêler les différentes approximations qui forment le nœud de cette mystification.

Qu'est-ce qu'une fatwa ?

En islam, une fatwa est un avis (le sens littéral du mot en arabe est « éclairage »), délivré par un mufti, en réponse à une demande qui lui est faite. Dans l'islam chiite, une fatwa peut être délivrée par n'importe quel clerc, mais elle ne tire sa légitimité et sa force que du degré de connaissance du savant qui l'a émise. Une fatwa n'a de valeur que pour les « suiveurs » du clerc en question, c'est-à-dire les croyants qui le reconnaissent comme une référence (*marja'*).

Les fatwas édictées par l'ayatollah Khamenei ont souvent revêtu une portée politique. Cependant, Khomeiny et plus encore son successeur Khamenei sont loin d'être les clercs de référence de toute la population iranienne. Certes, une fatwa édictée par Khomeiny revêt une portée transcendantale, en ce qu'elle a été édictée par le guide de la Révolution. La fatwa condamnant à mort Salman Rushdie, par exemple, est suivie par de nombreux émules qui ont tenté de l'assassiner. Toutefois, les fatwas des Guides suprêmes ne revêtent pas en Iran de portée juridique proprement dite. Elles ont une valeur comparable à celle de la loi, mais uniquement pour ceux qui suivent les avis du clerc qui les a émises, pas pour toute la société iranienne.

La « fatwa sur le nucléaire » : de quoi parle-t-on ?

Pour affirmer que l'arme nucléaire est illicite en islam, les Iraniens se réfèrent à deux fatwas anciennes qui auraient été délivrées par les ayatollahs Khomeiny et Khamenei en tant que Guides suprêmes successifs.

La première, édictée par Khomeiny, est orale et rien n'atteste son authenticité. En 1984 et 1987, dans le contexte du bombardement chimique du Kurdistan iranien par l'Iraq de Saddam Hussein, la tradition admet que Khomeiny aurait tenu des propos visant à prohiber la production et l'usage de toute arme chimique. L'idée sous-jacente était que l'Iran ne devait pas s'abaisser à répondre à la « guerre imposée » (*jang e tahmili*) par l'Iraq avec les mêmes armes que celles du « tyran baathiste », qui employait alors des gaz chimiques contre les soldats iraniens. Notons que cette fatwa n'est pas considérée comme prohibant tout programme chimique iranien, mais seulement l'utilisation de ces armes. De fait, une filière industrielle chimique iranienne a été mise en place durant la guerre Iran-Iraq, avec une visée défensive.

Une seconde fatwa considérée comme canonique a été édictée dans les années 1990 par Khamenei, l'actuel Guide suprême. Celle-ci est considérée comme écrite, mais n'a pas été rendue publique, et la date d'édiction n'est pas claire. Elle est également considérée comme prohibant la production et l'usage des armes de destruction massive, réitérant la fatwa précédente de Khomeiny dans un contexte post-guerre Iran-Iraq.

Il faut préciser que, en théorie, une fatwa peut être orale aussi bien qu'écrite. Néanmoins, à l'âge moderne, les fatwas sont souvent publiées dans les recueils des *mojtahed* appelés *Ressala*, ainsi que sur leurs sites Internet. Les deux fatwas évoquées ici ne sont pas publiées sur le site de la Guidance, ni sur le site personnel du Guide suprême. En tout état de cause, dans les deux cas, aucun document ne vient appuyer ces deux prises de position considérées *ex post* comme des fatwas, et dont on peut considérer qu'elles ont été tenues pour telles par un nombre important de « suiveurs », en raison uniquement de l'autorité de Khomeiny.

C'est seulement à partir de 2003-2005, dans le contexte de l'éclatement de la crise nucléaire, que les autorités iraniennes commencent à faire référence à ces fatwas comme si elles s'appliquaient de manière évidente au domaine nucléaire, alors qu'elles ont été édictées uniquement en relation avec les armes chimiques dans le contexte de la guerre Iran-Iraq. Ainsi, dans un compte rendu officiel du gouvernement iranien d'une réunion des États membres de l'AIEA tenue en 2005, on trouve la mention de propos oraux attribués au Guide Khamenei en octobre 2003. À nouveau, ces propos, présentés également *ex post* comme des fatwas, dénoncent les armes de destruction massive, sans citer spécifiquement le nucléaire.

Par la suite, Ali Khamenei a mentionné deux fois ces fatwas, cette fois en élargissant explicitement le champ de leur application, du chimique au nucléaire. Ces deux occurrences figurent sur le site de Khamenei.

Il y a d'abord un message publié sur le site du Guide, qui concerne toutes les armes de destruction massive, y compris les armes nucléaires donc, pour la première fois citées nommément. Il s'agit, selon le site du Guide, d'un « message du Guide suprême à l'adresse de la 1re Conférence internationale sur le désarmement nucléaire et la non-prolifération », prononcé le 17 avril 2010[1].

Présentés comme une adresse du Guide à la Conférence du désarmement, ces propos devraient figurer dans les archives de l'ONU. Or, il est impossible d'en trouver trace. On ne retrouve dans ces archives que des prises de parole postérieures de dirigeants occidentaux qui se réfèrent à ces propos du Guide en reprenant à leur compte la qualification de fatwa – ainsi, Barack Obama, dans un discours figurant dans les archives de l'ONU, a déclaré : « *The Supreme Leader has issued a fatwa against the development of nuclear weapons*[2]. »

Sur la forme, le message publié sur le site du Guide présente bien les aspects classiques d'une fatwa, établissant une opinion revêtant un aspect juridique, en référence au vocabulaire coranique *haram* (« illicite »). Néanmoins, sur le fond, on note l'ambiguïté sur ce qui est déclaré *haram*. La fatwa mentionne bien nommément les armes

1. « Nous avons la conviction qu'outre les armes nucléaires, les autres types d'armes de destruction massive, y compris les armes chimiques et les armes microbiologiques, constituent une menace grave pour l'humanité. La nation iranienne, elle-même victime du recours à des armes chimiques, ressent plus que toute autre nation le danger que présentent la fabrication et le stockage de ces armes, et est prête à mettre en œuvre tous ses dispositifs afin de lutter contre ces armements. Nous considérons que l'usage de ces armes est illicite [*haram*] et reconnaissons qu'il relève du devoir de chacun de déployer ses efforts en vue d'immuniser les humains face à ce gigantesque fléau. »
2. « Le Guide suprême a émis une fatwa contre le développement des armes nucléaires. »

nucléaires, qui sont considérées comme une « menace grave pour l'humanité », mais elles ne sont pas mentionnées explicitement comme *haram*. Au vu de l'ordre des mots dans le texte, il est impossible de déterminer si le terme *haram* s'applique à toutes les armes de destruction massive, ou spécifiquement à l'usage des armes chimiques, mentionnées juste avant. Surtout, même si le vocable *haram* devait renvoyer non seulement aux armes chimiques, mais à toutes les armes de destruction massive, il couvrirait uniquement en l'occurrence l'usage de ces armes, et non leur possession ni leur mise au point. En tout état de cause, la fatwa ne semble pas avoir été édictée pour que l'interdiction frappe spécifiquement les armes nucléaires.

On trouve un deuxième discours du Guide prononcé le 19 février 2010[1]. Il s'agit des seuls propos du Guide considérés comme des fatwas et répertoriés officiellement comme telles qui ciblent spécifiquement et exclusivement les armes nucléaires. Sur la forme, ici aussi, au-delà de la directive politique, le caractère religieux est évident, avec l'invocation d'un concept coranique au vu duquel est rendu l'avis. Ce concept est tiré de la sourate 2 (La Vache), verset 205 : « Dès qu'il tourne le dos, il parcourt la terre pour y semer le désordre et saccager culture et bétail. Et Allah n'aime pas le désordre. » Ce concept est considéré comme renvoyant à ceux qui, en signe de corruption ou de désobéissance au Tout-Puissant, se livrent à l'anéantissement des terres et des générations, humaines comme animales. Dans une interprétation publiée sur son site, le Guide suprême qualifie Daech d'illustre exemple de ce concept. Il considère que la destruction de l'environnement (effet diabolique imputé aux essais nucléaires) relève de la même qualification.

1. « [Se référant aux récents propos du président américain] Les propos insensés et décousus sur la fabrication d'armes nucléaires en Iran montrent que les ennemis du peuple en sont venus à ressasser en toute faiblesse, même en ce qui concerne la propagande. La République islamique d'Iran ne manifestera pas une attitude sentimentale en réaction à ces balivernes, car nous avons déclaré à maintes reprises que nos principes et nos convictions religieuses considèrent ces armements comme prohibés et illicites, puisqu'ils symbolisent l'extermination des terres et des générations. C'est la raison pour laquelle nous n'avons absolument aucune croyance dans les armes et les bombes nucléaires et nous ne partirons pas à leur recherche. »

Toutefois, sur le fond, ce sont là aussi les « armements nucléaires » qui sont considérés comme illicites. Leur recherche n'est pas déclarée illicite, même s'il est indiqué que l'Iran ne « partira pas à leur recherche ».

Par la suite, le Guide Khamenei a fait d'autres déclarations allant dans le sens de la prohibition des armes nucléaires. On en trouve une série sur son site personnel. Néanmoins, il ne s'agit pas à proprement parler de fatwas, puisqu'elles n'ont pas été émises en réponse à une question posée au Guide en tant que *mojtahed*. Il s'agit uniquement, comme l'indique le site web, d'« opinions », répertoriées sous cette rubrique, et non sous la rubrique « fatwas ».

La plus importante de ces opinions est celle exprimée en avril 2015, dans le contexte de la dernière ligne droite des négociations de l'accord de Vienne. Elle pose notamment la dichotomie entre l'industrie nucléaire (dont l'enrichissement), qui est bonne en soi et doit être maintenue et développée, et « l'utilisation de bombes nucléaires » ainsi que « les essais » (la France étant visée nommément), qui sont contraires à l'islam (mais ici, ce n'est pas le terme coranique *haram* qui est utilisé), car ils sont destructeurs en soi et « détruisent l'environnement marin » s'agissant des essais.

Cette opinion est présentée comme une sorte de synthèse de la pensée du Guide sur le sujet. Le Guide y déclare que l'Iran « ne recherche pas les essais nucléaires, et ne recherche pas les armes nucléaires ». Dans ce cas également, il n'y a aucune mention explicite ciblant spécifiquement la possession ni la mise au point de l'arme comme quelque chose qui serait frappé d'interdit islamique.

En résumé

La fatwa fondatrice dans le domaine des armes de destruction massive, édictée par Khomeiny et réitérée par Khamenei, est issue de propos oraux de Khomeiny, non publiés. Édictée dans le contexte historique singulier de la guerre Iran-Iraq, elle concerne les armes chimiques, et seulement l'utilisation de celles-ci, non leur conception ou leur possession.

Après guerre, il n'a plus été question de ces fatwas. Elles émergent à nouveau dans le contexte de la crise nucléaire, les Iraniens s'y référant pour démontrer leur bonne foi, comme si elles s'appliquaient au nucléaire alors qu'elles ont été édictées contre les armes chimiques.

Puis, en 2010, soit plusieurs années après le début de la crise nucléaire iranienne, deux fatwas sont publiées, qui donnent un avis en se référant à des concepts coraniques. Le Guide y énonce les directives politiques suivantes : les armes de destruction massive, dont les armes nucléaires, constituent en soi une « menace grave pour l'humanité ». L'usage des armes chimiques, à tout le moins, est explicitement déclaré *haram*. S'agissant du nucléaire, il décrète, en s'appuyant sur le Coran, que les « armements nucléaires » sont répréhensibles (ils « symbolisent l'extermination des terres et des générations »), mais pas spécifiquement leur production, ou leur possession.

Un flou subsiste donc sur la licéité d'activités de recherche visant la mise au point d'armes nucléaires : il est dit que les « armements nucléaires » sont prohibés, sans qu'on puisse savoir si cela recouvre les activités menant à leur mise au point (militarisation), ni, *a fortiori*, les activités nucléaires qui peuvent entrer dans le processus de conception d'une arme (enrichissement, retraitement, etc.). Au contraire, une opinion du Guide valorise les activités liées à l'enrichissement et appelle à leur poursuite. Aussi, le fait que l'Iran « ne recherche pas » l'arme nucléaire semble établi uniquement dans l'opinion de Khamenei, et non par fatwa. Du reste, ici encore, cette considération n'est pas tranchée en recourant au système coranique de licéité/illicéité (*halal*/*haram*). Enfin, il subsiste un flou sur l'usage des armes nucléaires : alors que l'usage des armes chimiques est formellement prohibé, celui des armes nucléaires ne fait pas l'objet d'une clarification aussi explicite.

Comment interpréter tous ces éléments, au vu de l'usage qu'en font les autorités iraniennes ?

Tout d'abord, il faut rappeler qu'un interdit religieux n'a pas plus de poids qu'un interdit juridique, contrairement à une idée répandue qui relève en réalité d'une conception occidentale du monde, où l'interdit religieux est perçu comme revêtant un caractère moral. Une telle dichotomie n'a pas de sens dans le contexte islamique, où la loi, la *chari'a*, englobe toutes les activités humaines, qu'elles relèvent de la sphère privée ou de la sphère publique. Une telle assertion a d'autant moins de sens en République islamique et sous le régime de la *velâyat-e-faqih*, où cette conception totalisante de la loi islamique est érigée en fondement de l'État.

Du reste, en contexte chiite, une fatwa n'a pas le même poids qu'un interdit relevant de la *chari'a* : c'est un simple avis, qui sera suivi par les adeptes du clerc qui l'a énoncé, non par tous.

Il n'y a donc guère de sens à dire qu'il existe une fatwa prohibant l'arme nucléaire, et que cet interdit est plus fort que la loi. Tout croyant est libre de reconnaître à n'importe quel *mojtahed* l'autorité nécessaire à l'édiction d'une fatwa et, en présence d'avis contraires sur un même sujet, les croyants sont libres de suivre l'avis qu'ils souhaitent, en fonction de l'autorité qu'ils accordent aux *mojtahed*. Le fait qu'une fatwa ait été émise par le Guide suprême n'emporte pas d'engagement juridique de toute la République islamique. Tout au plus les fatwas de l'ayatollah Khamenei sont-elles des avis porteurs d'une autorité politique et morale, certes prestigieuse et revêtant une force politique particulière découlant de sa position de Guide, mais, sans parler du flou qui les entoure en l'espèce, elles n'imposent en aucun cas des règles juridiques qui trouveraient à s'appliquer *erga omnes*.

En réalité, l'interdit brandi par les négociateurs iraniens n'existe pas. Beaucoup d'éléments convergent vers cette conclusion :

Khomeiny n'a jamais dit que l'arme nucléaire était *haram* et la fatwa concerne le chimique, non le nucléaire. Ensuite, en dépit du fait que l'utilisation d'armes chimiques a été décrétée *haram*, les Iraniens ont développé un programme chimique. Par ailleurs, le flou subsiste sur l'application d'une telle fatwa au nucléaire, et en outre, dans ce domaine, les actions interdites n'ont jamais été explicitées : production, usage, détention ? Ainsi, tout tend à montrer que cette manière de se prévaloir de la fatwa pour démentir toute intention de viser l'arme nucléaire relève davantage de la mystification envers les Occidentaux que d'une doctrine établie. À tout le moins, il semble que la concomitance de la valorisation publique, après l'éclatement de la crise nucléaire en 2003, de fatwas non écrites et non publiées édictées pendant la guerre Iran-Iraq et concernant un autre sujet, le chimique, semble de nature à servir avant tout un objectif de crédibilisation de la posture de négociation dans la crise nucléaire.

Notons enfin que, même si l'on devait donner crédit à cette mystification et prendre pour hypothèse qu'il y a bien une fatwa qui s'applique *erga omnes*, et qui décrète illicites l'usage et même la détention d'une arme nucléaire, cela ne suffirait pas à assurer que l'Iran n'acquerra jamais l'arme nucléaire. En effet, en 1989, Khomeiny a modifié la Constitution du régime pour y inclure une notion nouvelle, celle de l'intérêt supérieur du régime (*maslahat-e-nezâm*), dont l'objet est de priver d'effet les normes islamiques même les plus fondamentales (comme les cinq piliers de l'islam) quand l'intérêt supérieur du régime est en jeu. Le Guide est seul habilité à déterminer si cet intérêt supérieur doit prévaloir, en s'appuyant sur le Conseil de discernement de l'intérêt supérieur du régime, entité entièrement sous sa coupe. Une simple fatwa pourrait aisément être contournée si le Guide devait décréter que l'acquisition par l'Iran de l'arme nucléaire constituait un intérêt supérieur du régime.

Pour aller plus loin

• Mohammad Ali Amir-Moezzi, *Qu'est-ce que le shî'isme ?*, Lexio, 2014.
• IAEA, *Annex to the Report on Iran*, 2011.
• Mehdi Khalaji, *Iran's Nuclear Fatwa*, Washington Institute, 2011.
• Khamenei.ir.

CHAPITRE 15

« L'Iran a toujours respecté ses engagements alors même que Trump était sorti de l'accord nucléaire ; l'Iran a fait preuve de patience stratégique »

La rhétorique iranienne après le retrait américain de l'accord mettait en avant ce que les Iraniens qualifiaient de « patience stratégique » : alors même qu'ils s'estimaient fondés à répondre de manière brutale à la rupture par Washington de ses engagements, ils se seraient abstenus de le faire et auraient au contraire mis en œuvre une réponse graduée, progressive, s'attribuant le mérite d'avoir évité l'éclatement d'une nouvelle crise. Que s'est-il passé dans les faits ?

8 mai 2018 : sortie américaine du JCPOA, patience stratégique iranienne

Le 8 mai 2018, le président Trump annonce qu'il refuse de certifier devant le Congrès, comme le prévoit la loi, que le JCPOA continue à être dans l'intérêt de sécurité des États-Unis – on parle abusivement de « sortie américaine de l'accord », alors que cela n'a pas de sens juridiquement. Dans un premier temps, jusqu'au 8 mai 2019, la réaction des Iraniens consiste en ce qu'ils nomment une « patience stratégique ».

Les sanctions américaines ne sont pas rétablies immédiatement le 8 mai. L'administration Trump aménage par dérogation (*waiver*) des périodes transitoires et des exemptions visant à limiter les effets de bord de cette réimposition. Ainsi, les sanctions sont rétablies en deux temps, en août puis en novembre 2018. Ces réimpositions sont assorties d'exemptions pour les contrats en cours, qui peuvent aller jusqu'à cent quatre-vingt-dix jours. S'agissant de l'importation de pétrole, sont accordées à divers territoires douaniers qui en ont fait la demande des exemptions qui durent jusqu'en mai 2019. De leur côté, les sanctions onusiennes ne seront jamais rétablies, puisque leur rétablissement ne dépend pas des Américains mais exige qu'aucun des États signataires du JCPOA ne s'y oppose. De même, les sanctions européennes ne seront pas davantage rétablies, puisque cela aurait nécessité un constat, par les pays du E3 (France, Allemagne, Royaume-Uni), de violation du JCPOA par l'Iran (constat que les E3 se sont toujours refusés à établir formellement), puis une décision prise à l'unanimité des vingt-sept États membres au Conseil de l'Union européenne.

En regard, les Iraniens se contentent de mesures de rétorsion d'ordre limité à chaque étape du rétablissement des sanctions américaines. Les Européens quant à eux accèdent aux requêtes iraniennes et engagent un long travail technique visant à compenser les effets économiques du retour des sanctions américaines.

8 mai 2019 :
l'entrée dans le less for less

Après une année, les sanctions américaines sont pleinement rétablies. S'ouvre alors la deuxième phase de la réponse iranienne au retrait américain du JCPOA, qu'ils intitulent la « politique du *less for less* ». Téhéran annonce que, désormais et tant que les Européens ne compenseront pas le retrait américain, l'Iran prendra lui-même des mesures visant à compenser les effets du retrait américain sur l'économie iranienne par des avancées sur le programme nucléaire (*less for less* : moins de restrictions nucléaires contre moins d'effets positifs pour l'Iran de la levée des sanctions). Pour ce faire, l'Iran annonce qu'il estime avoir le droit, au titre même de l'accord, de se délier de ses engagements nucléaires, dans l'exacte mesure du préjudice subi et de l'ampleur des violations par l'autre partie – ampleur dont les Iraniens sont les seuls à juger. De cette manière, les Iraniens font mine de conférer un vernis de légalité à ces mesures de reprise du programme nucléaire, alors que rien dans le JCPOA ne permet à l'Iran de se délier lui-même de ses obligations sans que cela ne soit sanctionné par les parties elles-mêmes à l'accord et fondé sur une violation constatée.

Durant les premiers mois de cette politique, les contre-mesures prises par l'Iran sont d'ordre limité. Elles consistent à augmenter de peu le taux d'enrichissement de l'uranium, de 3,67 à 4,5 %, ce qui n'a aucun impact en termes de prolifération, ou bien à augmenter le nombre de pièces détachées pour centrifugeuses produites, ce qui a un impact potentiel uniquement pour le jour où l'Iran décidera d'augmenter la production et l'installation de centrifugeuses.

Toutefois, l'ampleur de l'impact de ces mesures en termes de prolifération est exponentielle. Ainsi, les Iraniens, indiquant leur volonté de lancer des recherches sur la médecine nucléaire, annoncent qu'ils enrichiront de l'uranium à 20 %. Si l'enrichissement à 20 % peut en effet être utile à la mise au point de certaines thérapies contre le cancer, l'Iran enrichit une quantité de matière beaucoup plus importante que nécessaire.

Puis l'Iran annonce sa volonté de lancer un programme de sous-marins à propulsion nucléaire. Or, une telle propulsion exige de disposer de matière enrichie à 60 % au moins. Ainsi, sous couvert d'une annonce qui ne peut porter ses fruits que dix ans plus tard, laps de temps minimum pour mettre au point et produire des sous-marins à propulsion nucléaire, l'Iran se ménage la possibilité de lancer sans délai l'enrichissement d'uranium qui ne servirait pas avant dix ans, et alors que la seule utilisation possible pour de l'uranium enrichi à 60 %, outre la propulsion nucléaire, est de servir de point d'étape vers l'enrichissement à 90 %, pour une arme. Sur le moment, les Iraniens s'en tiennent à l'annonce, tout en accumulant une quantité toujours plus grande de matière enrichie à 20 %, permettant plus aisément le passage à 60 % dans le cas où la décision viendrait à être mise en œuvre dans les faits.

Cette phase agressive, que les Iraniens continuent à faire relever de la « patience stratégique », est sanctuarisée par le vote par le Majles iranien de la loi du 2 décembre 2020.

La loi du 2 décembre 2020

Cette loi intitulée « Plan stratégique parlementaire pour mettre fin aux sanctions américaines » a pour objectif de « forcer les États-Unis et l'Europe à lever les sanctions ». Elle représente un tournant de la politique nucléaire iranienne et une reprise en main de la part des éléments les plus ultras du régime, notamment Mojtaba Zolnour, président de la commission des affaires étrangères du Majles et proche du Guide, au détriment de l'équipe Rohani.

Selon le texte[1], l'Iran est tenu de produire chaque année à Fordo au moins 120 kg d'uranium enrichi à 20 % ; d'augmenter la capacité d'enrichissement du pays d'au moins 500 kg par mois ; d'entreprendre l'installation de plus de 1 000 centrifugeuses avancées, interdites par le JCPOA, et de démarrer l'enrichissement *via* ces machines ; de revenir au design initial du réacteur à eau lourde d'Arak, plutonigène ; d'inaugurer une usine de production d'uranium-métal à Ispahan dans les cinq mois suivant l'adoption de la loi. Enfin, le gouvernement est aussi tenu de suspendre les accès qui vont « au-delà du protocole additionnel ».

1. « Iran's Majlis Passes Nuclear Strategic Action Law (Dec. 2020) », Arms Control Association, 2 décembre 2020.

Bien que le vote de cette loi ait pu être interprété comme écartant du processus décisionnel les personnalités les plus pragmatiques et les plus conciliantes au sein du régime, à commencer par le ministre des Affaires étrangères et principal négociateur Mohammad Javad Zarif, le gouvernement a mis en œuvre cette loi avec toute la diligence requise, et a même anticipé de beaucoup le calendrier des mesures les plus dures qui étaient requises par le Majles.

Ainsi, dès janvier 2021, Téhéran relance l'enrichissement à 20 % à Fordo, déclarant produire jusqu'à 9 kg par mois pour respecter les seuils fixés[1]. De son côté, l'AIEA confirme l'installation et le fonctionnement de plus de 1 000 centrifugeuses avancées à Natanz et à Fordo[2]. Le 23 février 2021, l'Iran suspend l'application du protocole additionnel, interrompant l'accès élargi des inspecteurs et allant à l'encontre de l'esprit du JCPOA[3]. Toujours en février, l'AIEA rapporte la production de 3,6 g d'uranium-métal (naturel) à Ispahan, suivie dès juillet de celle d'uranium-métal enrichi à 20 %[4]. Concernant Arak, le coulage de béton dans le cœur de la centrale a bien été réalisé, mais le projet de conversion a été bloqué par l'Iran et par la Chine, permettant finalement le retrait du béton et la perspective d'un retour à un réacteur plutonigène[5]. Tout cela intervient sous le gouvernement de Rohani.

Élection de Biden, élection de Raissi : le programme nucléaire en roue libre

Après l'élection à la présidence de la République de l'ultraconservateur Ebrahim Raissi, proche du Guide suprême, les Iraniens mettent en œuvre des violations flagrantes du JCPOA d'une ampleur

1. « Iran Enriches Uranium to Higher Levels », Arms Control Association, janvier 2021.
2. « Installing 1,000 Advanced Centrifuges under New Law », Arms Control Association, 2021.
3. « Iran Suspends Additional Protocol », Janes/ACA, février 2021 ; « Inspectors Denied Access, Visas Withheld after 2020 Law », Commons Library/ACA/etc., 2021-2023.
4. « IAEA Confirms Uranium-Metal Production at Isfahan », UANI/CSIS, 2021.
5. « Heavy Water Reactor Redesign Delayed, Potential Return to Plutonium », ACA/Sipri/IAEA, 2021-2023.

telle qu'elles suscitent de graves soupçons de relance de la nature militaire du programme, et sans plus se cacher désormais derrière la rhétorique ou la nomenclature notariale des mesures présentées comme justes et justifiées.

Les Iraniens lancent les programmes de propulsion nucléaire. Ils empêchent les inspecteurs de l'AIEA de remplir leurs missions et vont jusqu'à en expulser certains en les accusant d'espionnage. Ils mènent des activités liées à la technologie de l'uranium-métal dont la seule application est liée à l'arme nucléaire. Des particules d'uranium enrichi à 84 %, de degré quasi militaire, sont retrouvées par l'AIEA à la sortie de certaines centrifugeuses.

Ce qui ressort de l'ensemble de la séquence, c'est la trajectoire clairement ascendante dessinée par le processus incrémental d'affranchissement par les Iraniens des mesures restrictives du JCPOA.

Les Iraniens ont mis en œuvre une politique qui consistait à se désengager graduellement du JCPOA, tout en prenant soin d'éviter la rupture avec les Occidentaux et en se gardant d'être à l'origine d'une telle rupture, ou de la qualification de cette politique comme d'une sortie de l'accord. En l'absence de réaction de la part des autres signataires, le résultat a été que le JCPOA a été totalement vidé de sa substance, et les Iraniens n'en respectent aujourd'hui aucune disposition clé, sans que cela n'ait été qualifié de sortie de l'accord : l'Iran ne respecte plus l'accord, mais la fiction selon laquelle il en ferait encore partie est maintenue.

Aujourd'hui, le programme nucléaire iranien est beaucoup plus avancé et beaucoup plus problématique qu'avant la conclusion du JCPOA, le risque de prolifération est beaucoup plus grave, alors même que personne n'a acté que l'Iran ne respecte plus le JCPOA, puisque les violations iraniennes n'ont pas occasionné le retour des sanctions onusiennes. Ce que les Iraniens ont qualifié eux-mêmes de « patience stratégique » n'a jamais été la patience de ne pas sortir de l'accord en attendant que les Américains y reviennent, mais la patience de ne pas en sortir brutalement et de se contenter d'en sortir progressivement, en accompagnant cette sortie d'une rhétorique victimaire afin de ne pas provoquer de crise.

Pour aller plus loin

• Eric Brewer et Kelsey Davenport, « Timeline of Iranian Nuclear Steps after JCPOA Exit », CSIS & ACA.
• IAEA, *Verification and Monitoring Reports*, 2018-2021.
• International Crisis Group, *The Iran Nuclear Deal at Risk*, 2019.
• Henry Rome, *Iran's Strategy of Calibrated Escalation*, Washington Institute, 2021.

CHAPITRE 16

« Les Européens n'ont rien fait pour compenser le retour des sanctions américaines »

Durant la phase de « patience stratégique » observée par les Iraniens, ces derniers mettent la balle dans le camp européen, en sommant les E3 et l'Union européenne de compenser les effets économiques négatifs du retour des sanctions américaines. Alors que rien n'oblige les Européens à le faire, ils s'y engagent. Cela procurera aux Iraniens un argument rhétorique en soutien à leur politique de démantèlement du JCPOA : puisque les Américains sont sortis de l'accord et que les Européens n'ont rien fait pour en compenser les effets, l'Iran est fondé à se délier de ses engagements et à reprendre son programme nucléaire – ce que rien ne permet pourtant dans le JCPOA.

Dès le jour de l'annonce de la « sortie » américaine du JCPOA, le 8 mai 2018, les Européens s'engagent à faire leur possible pour compenser les effets du retrait américain. Ils le font sans illusion et prennent soin de rappeler que les acteurs économiques sont libres de leurs décisions. De fait, en raison de l'exposition des plus grandes entreprises européennes au risque financier américain, toutes les entreprises majeures de l'Union européenne choisissent de quitter le marché iranien ou de geler *a minima* leurs activités, afin d'échapper à tout risque de rétorsion de la part du département de la Justice américain pour contournement de sanctions. C'est particulièrement le cas dans le secteur bancaire européen, les banques refusant de suivre les rares entreprises qui cherchent à rester en Iran, car la plupart d'entre elles sont solidement établies aux États-Unis. Les banques européennes exposées aux rétorsions américaines risquent ainsi de mettre en danger leur activité outre-Atlantique, et surtout de se voir priver d'accès au dollar, monnaie de réserve du système monétaire international, par laquelle s'effectuent toutes les opérations courantes d'une banque à l'international, de l'émission de dette au règlement des facturations. S'exposer à la vindicte américaine, c'est s'exposer à la faillite bancaire, avec des conséquences pour les banques en question, mais aussi, potentiellement, au spectre de défaillances systémiques.

Malgré l'aspect limité de leurs marges de manœuvre, le risque qu'ils prennent en se désolidarisant des Américains (et d'autant plus sous l'administration Trump, qui multiplie les mesures punitives visant les économies européennes), les Européens, sous l'impulsion des E3, décident d'agir de manière significative.

Ils prennent deux mesures fortes. Premièrement, ils mènent un renforcement de la « loi de blocage » européenne, un règlement vieillissant censé protéger les entreprises européennes des actions en justice, mais qui n'a aucune portée pratique. Les Européens font aboutir une révision de ce règlement, qui stipule que tout acteur établi sur le sol de l'UE visé par une enquête américaine pour contournement de sanctions américaines commet une infraction au droit de l'Union s'il remet à la justice américaine des informations classifiées ou sensibles, et accorde une protection de l'Union à cet acteur. Ce nouveau règlement vise à limiter l'exposition européenne à l'effet extraterritorial, sur le territoire de l'Union, des sanctions américaines.

La portée pratique de ce nouveau texte reste limitée, et les entreprises européennes les plus exposées au risque américain préfèrent transiger. Il n'empêche qu'en adoptant ce texte et en construisant une unanimité en sa faveur, l'Union européenne et ses États membres font un pas politique inédit, envoyant au partenaire américain un signal fort de distanciation, ce qui est d'autant plus notable qu'ils le font dans un objectif de détente au profit de l'Iran, pays qui entretient une hostilité profonde vis-à-vis des États-Unis, et encore davantage sous l'administration Trump.

Deuxième effort majeur, toujours sous l'impulsion des E3 et après des mois de travail technique, les Européens mettent en place Instex (*Instrument in Support of Trade Exchanges*), un instrument qui doit permettre de mettre à l'abri des sanctions américaines les transactions entre l'Union européenne et l'Iran. Ainsi, les Européens doublent leur geste de distanciation envers Washington d'un travail mettant sur pied un mécanisme concret qui doit apporter des effets réels au bénéfice du peuple iranien.

Le mécanisme consiste à faire intervenir une chambre de compensation dont les liquidités, en euros, sont gagées par un des rares établissements bancaires européens spécialisés dans les transactions risquées et peu exposés au dollar et donc au risque de tomber sous le coup des sanctions américaines pour utilisation de la monnaie américaine. De plus, d'autres partenaires de l'Union européenne deviennent actionnaires d'Instex et lui apportent une caution étatique qui crédibilise le système.

Instex doit se déployer en plusieurs phases. Après des transactions tests, une première phase doit concerner des biens exemptés de sanctions américaines, notamment les médicaments. Les objectifs sont de procéder à une transaction qui validera le circuit et le bon fonctionnement du mécanisme, et de garantir l'étanchéité du mécanisme par rapport au droit et aux tribunaux américains. Après cette étape, les Européens envisagent une deuxième phase de déploiement d'Instex, couvrant les biens de première nécessité y compris ceux qui tombent sous le coup des sanctions américaines. Une troisième phase doit permettre de faciliter la transaction de tous biens et services, y compris ceux tombant sous le coup des sanctions américaines (à l'exception de ceux qui sont soumis aux mesures restrictives existantes hors JCPOA, notamment les sanctions onusiennes couvrant les transactions de biens à double usage ou les missiles et composants de missiles, toutes mesures qui continuent à s'appliquer).

Or, durant toutes les négociations, les Iraniens font preuve d'un comportement qui confine à la manœuvre dilatoire. Au bout de plusieurs mois, la délégation iranienne feint de découvrir qu'Instex n'a pas pour objet de couvrir les transactions de tous biens et services et de s'en offusquer – comme si Instex avait pu être un instrument de contournement des sanctions onusiennes agréées par l'ensemble de la communauté internationale. Au bout d'un processus heurté et laborieux, Instex voit finalement le jour. Toutefois, il est d'emblée soumis, côté iranien, à une critique acerbe de la part du Majles, qui accuse les Européens de mener une politique colonialiste en voulant imposer un tel mécanisme, assimilée à un contrôle des importations iraniennes, qui reviendrait à maintenir l'Iran sous la domination de l'Occident.

Après de nouvelles explications, un compromis est trouvé : on ne mettra en œuvre que la première phase – la fourniture de médicaments – et cela se fera sans aucune publicité, afin d'éviter de heurter le sentiment du peuple iranien.

Cependant, même pour une transaction test sur des biens hors sanctions américaines, les Iraniens continuent à faire traîner les travaux. Finalement, en raison de leur intransigeance, et malgré la ténacité des Européens, qui tiennent à montrer leur bonne foi, seule une unique transaction sera menée entre l'Europe et l'Iran *via* Instex : une transaction test relative à la fourniture de médicaments, portant sur une valeur de quelques centaines de milliers d'euros.

Les Iraniens interdiront ensuite à leurs opérateurs de recourir à Instex, tout en accusant les Européens de n'avoir fourni aucun effort pour compenser le retrait américain du JCPOA.

Pour aller plus loin

- Cornelius Adebahr, *Europe and Iran*, Routledge, 2017.
- Kelsey Davenport, *The Failure of INSTEX*, ACA, 2021.
- EEAS, *Instex and EU Mechanisms for Iran*, 2019-2021.
- Ellie Geranmayeh, *Europe's Response to US Maximum Pressure on Iran*, ECFR, 2020.

CHAPITRE 17

« L'AIEA a certifié que l'Iran a tenu ses engagements »

Le rôle de l'AIEA

L'AIEA n'a pas pour rôle de certifier que l'Iran a tenu ses engagements. Aucun pouvoir de certification ne lui est conféré, ni dans l'absolu par le TNP, ni spécifiquement par le JCPOA dans le cas iranien.

Elle a un rôle de vérification : sa mission est d'inspecter la situation concrète sur le terrain, puis de rapporter ce qui a été constaté, en termes techniques et scientifiques. De manière générale, l'AIEA ne procède à l'inspection que sur des sites qui ont fait l'objet d'une déclaration auprès d'elle, afin d'assurer que la matière qui y est présente n'est pas détournée à des fins militaires.

Le JCPOA lui octroie un rôle spécifique de vérification et de contrôle de la bonne mise en œuvre par l'Iran des obligations contenues dans l'accord. L'AIEA inspecte la situation sur le terrain, dans les installations qui ont été déclarées auprès d'elle par les autorités iraniennes. Sur la base de ces vérifications, elle établit des rapports successifs durant toute la durée de vie du JCPOA. Ces rapports n'ont pas pour objet de qualifier la situation politique, ni même de qualifier la situation dont traite le rapport. Ainsi, l'AIEA n'emploie jamais de termes tels que « violation » ou même « manquement ». Il revient au Conseil des gouverneurs, organe politique de l'Agence rassemblant les représentants de ses États membres, de prendre de tels qualificatifs au regard du contenu technique des rapports qui lui sont présentés. Ces qualifications sont des prises de position politiques, qui peuvent être divergentes entre membres, et instrumentalisées. Le rôle de l'AIEA est de fournir aux membres du Conseil des gouverneurs les données techniques, les faits bruts, sur lesquels fonder leur positionnement politique.

Ainsi, par exemple, l'Agence écrit dans ses rapports : « Les inspecteurs de l'AIEA ont constaté la présence de tant de kg d'uranium enrichi à tant de % », ou encore : « Les inspecteurs ont constaté la présence de tant de kg d'uranium enrichi à 20 % à tel endroit. » À l'inverse, l'Agence n'a jamais écrit dans un rapport que « l'Iran viole le JCPOA car il a accumulé tant d'uranium enrichi à 20 % ». C'est aux membres du Conseil des gouverneurs qu'il revient de déclarer, sur la base des faits rapportés, qu'il y a de la part de l'Iran manquement, violation ou violation flagrante, etc., de ses engagements.

Ainsi, tout au long de la durée de vie du JCPOA, l'AIEA n'a ni qualifié les manquements de l'Iran ni certifié qu'il tenait ses engagements.

Tout ce qui précède ne vaut que pour les sites nucléaires et les matières déclarées par l'Iran. Tout le reste, dont on ne peut que suspecter l'existence, est soustrait au contrôle de l'AIEA. Rien ne permet donc de garantir qu'un rapport de l'AIEA fournit une photographie exhaustive de la situation en Iran.

La question des garanties et des entraves iraniennes au travail de l'Agence

Par ailleurs, au fil de la durée de vie du JCPOA, dans le souci de donner une image la plus fidèle possible de la situation du programme nucléaire iranien, l'AIEA a commencé à publier deux séries de rapports distincts : la première série concerne l'inspection de l'état des engagements iraniens au titre du JCPOA, la seconde, les questions toujours en suspens relatives à des activités menées sans lien avec le JCPOA. Cette deuxième série d'inspections découle des dispositions de l'accord de garanties généralisées* signé par l'Iran – en d'autres termes, elle vise certaines installations ou matières qui posent question, alors qu'elles ne sont pas liées au JCPOA, soit parce qu'elles n'ont pas fait l'objet d'une déclaration et ont été portées à la connaissance de l'AIEA après la conclusion de l'accord, soit parce qu'elles ne semblent pas liées au programme nucléaire iranien mais posent néanmoins des questions dont la réponse peut influer sur la connaissance par l'Agence de ce programme. Dans les deux cas, ces inspections sont déclenchées par l'AIEA sur la base d'articles de presse ou de révélations de l'existence d'activités suspectes, comme cela a été le cas au début de la crise nucléaire iranienne avec la révélation de l'existence du site de Natanz en 2002. L'AIEA, dont la crédibilité repose sur son indépendance et la probité de ses agents, ne lance toutefois pas d'inspections sur la base de fuites ou d'informations non recoupées. Ainsi, les inspections qui sont lancées en Iran hors procédures liées au JCPOA découlent de sérieux soupçons, qui émergent à la suite d'un travail approfondi de recoupement sur la base des allégations portées à sa connaissance.

Ainsi, l'AIEA pose depuis plusieurs années des questions sur l'existence de matières nucléaires d'origine anthropique qui ont été prélevées sur certains sites non déclarés, alors que leur présence sur ces sites n'est pas justifiée. Or, non seulement l'Iran a toujours échoué à donner des réponses convaincantes aux questions soulevées par l'Agence, mais les autorités iraniennes ont adopté une attitude dilatoire portant atteinte au principe de bonne coopération avec l'Agence, consistant à multiplier les allers-retours et les jeux de questions-réponses, et à faire traîner les inspections.

Puis l'Iran a franchi un seuil en menant une politique d'obstruction ouverte au travail des inspecteurs de l'AIEA. Téhéran a d'abord mis en question l'intégrité des inspecteurs, en refusant le renouvellement des visas de certains des inspecteurs, induisant une perte de compétence et de mémoire quand les équipes ont dû être renouvelées pour poursuivre les inspections. Puis les Iraniens ont pratiqué l'entrave physique, comme le refoulement de plusieurs inspecteurs à l'entrée d'une installation ou des fouilles musclées. À tel point que l'AIEA a fini par exprimer publiquement son agacement quant au comportement des autorités iraniennes. Enfin, arguant d'une mesure de représailles face au retrait américain de l'accord, Téhéran est allé jusqu'à débrancher les caméras de l'AIEA sur les sites les plus sensibles, rompant la continuité de la connaissance de la situation sur ces sites, et ouvrant un espace pour mener des activités prohibées entre deux inspections *in situ*.

Au total, l'AIEA n'a jamais certifié que l'Iran tenait ses engagements. Bien au contraire, elle est allée jusqu'à se plaindre publiquement d'agissements iraniens contraires à ses engagements, alors même qu'une telle attitude est rarissime de la part de l'AIEA, qui tient à préserver une position de stricte neutralité indispensable à son crédit et à l'efficacité de son travail. Le cas iranien est en réalité inédit et les agissements de Téhéran sont d'une telle gravité qu'ils ont convaincu l'Agence de sortir de sa réserve habituelle pour faire monter la pression sur l'Iran et faire cesser ces agissements.

Pour aller plus loin

- David Albright, *Misinterpreting IAEA Reports*, ISIS, 2020.
- Olli Heinonen, *Iran and the Challenge of Verification*, Belfer Center, 2019.
- IAEA, *Verification and Monitoring Reports*, 2015-2021.
- Henry Rome, *IAEA and Iranian Compliance*, Washington Institute, 2021.

TROISIÈME PARTIE

La politique étrangère de la République islamique

CHAPITRE 18

« La politique étrangère iranienne est fondamentalement non alignée »

Le khomeynisme durant la guerre froide : l'islam n'est pas une troisième voie, c'est la seule voie

Le slogan le plus scandé durant la Révolution, endossé par Khomeiny lui-même, proclame : « Ni Est ni Ouest, République islamique » (« *Na charqi na gharbi, jomhouri-ye eslâmi* »). De fait, la Révolution éclate en pleine guerre froide, dans un contexte où l'Iran du Shah fait figure de principal soutien américain au Moyen-Orient, jouant un rôle de rempart face au communisme soviétique, qui étend son emprise dans toute la partie arabe de la région *via* son soutien aux régimes panarabistes et socialisants, de l'Égypte de Nasser à l'Iraq de Saddam Hussein.

Khomeiny rejette l'Ouest comme l'Est : il rejette l'impérialisme occidental consumériste et décadent comme le communisme athée. Le projet politique khomeyniste naît d'un rejet du Shah et de tout ce qu'il représente comme décadence modernisatrice occidentale. Toutefois, les communistes, s'ils se retrouvent dans la volonté de mettre à bas le régime du Shah, ne sont pas des compagnons de route des islamistes : une fois au pouvoir, Khomeiny s'emploiera à les écarter puis à les liquider.

Cela étant, le khomeynisme n'est pas non plus un mouvement non aligné. Khomeiny ambitionne de placer l'islam au-dessus de tout, non pas comme une voie médiane ou même une troisième voie, mais comme la voie unique et la seule possible. L'impérialisme occidental arrogant comme le communisme athée sont des régimes impies. L'islam est le seul système de croyances qui assure à l'homme sa pleine réalisation, en ce qu'il est la seule voie qui permet d'observer les prescriptions divines.

De plus, dans l'esprit de Khomeiny, la voie de l'islam n'est pas une voie iranienne, ni une voie pour l'Iran dans un monde bipolaire. L'islam est la seule voie possible pour l'humanité tout entière. Le peuple iranien endosse un rôle précurseur car il aura porté la Révolution, mais cela est contingent. La Révolution doit ensuite être suivie par tous les peuples opprimés, que Khomeiny appelle à se débarrasser de leurs dirigeants (dans son testament politique, il cite l'Arabie saoudite et le Maroc notamment, en plus de l'Occident et du monde soviétique). La Révolution khomeyniste s'inscrit dans une perspective eschatologique. La Révolution, qui se trouve prendre racine en Iran, est l'aube d'une nouvelle ère pour tous les musulmans, puis pour l'humanité entière.

Ainsi, la Révolution khomeyniste est le point de départ pour faire advenir la souveraineté de Dieu, dont découle l'obligation de respect de la *chari'a*. C'est le règne de la « loi » (*chari'a*), non pas au sens où nous l'entendons en philosophie occidentale, mais au sens de règle de vie immuable qui régit tous les aspects de la vie du fidèle. En ce sens, la Révolution khomeyniste est totalisante. Elle proclame, dans un monde qui a sombré dans l'athéisme et le stupre, le retour à la loi, la seule qui vaille, celle du Coran.

Une fois advenue, la République islamique se donne pour objectif d'aider tous les peuples opprimés à se débarrasser des régimes impies. C'est cela qu'on nomme abusivement « politique d'exportation de la Révolution », expression qui dénote un projet politique et marque ainsi l'aspect eschatologique de l'entreprise. Dans l'esprit des khomeynistes, une telle mission ne peut échouer : elle est le vecteur du retour de la justice divine sur Terre, sur toute la Terre. Les révolutionnaires, dans leur soutien aux autres peuples opprimés, ne sont pas des agents politiquement au service des intérêts iraniens, ils sont des agents au service du projet de Dieu d'établir sa souveraineté partout dans le monde. La politique étrangère iranienne n'est pas un non-alignement, c'est une transcendance.

Le khomeynisme après la guerre froide : l'antioccidentalisme

Après la chute de l'Empire soviétique, le khomeynisme a dégénéré en un antioccidentalisme. On le voit dans les discours du Guide suprême, qui sont empreints d'une constante défiance envers l'Occident en tant que vecteur de décadence des mœurs par l'infiltration culturelle (*nofouz*) dont il est tenu coupable. Ce fil directeur existe depuis l'avènement du régime, mais il n'est plus aujourd'hui accompagné d'une critique virulente des autres régimes impies.

Aujourd'hui, la République islamique se retrouve, aux côtés de la Chine et de la Russie, dans un club de puissances révisionnistes composant une alliance antioccidentale hétéroclite qui cherche à saper les fondements de l'ordre international tel qu'il a émergé depuis 1945.

Dans cette optique, le pouvoir iranien s'est lancé dans une politique de rapprochement d'une profondeur inédite avec la Russie et la Chine. Le partenariat avec la Russie est avant tout militaire. L'Iran a fourni à la Russie des drones de type Shahed-131/136, qui sont déployés en Ukraine depuis l'automne 2022[1]. En juillet 2023, des rapports du *Wall Street Journal* et de CNN ont révélé que la Russie construisait une usine de production conjointe au Tatarstan russe, avec transfert de technologie iranienne[2]. Les Shahed ont permis à

1. « Russia, Iran Boost Drone Alliance », *Wall Street Journal*, 11 juillet 2023 ; Reuters, « Iran Begins Drone Transfers to Russia », 2022.
2. Institute for the Study of War, « Shahed Drone Production Facility », août 2023.

la Russie de mener des frappes répétées sur Kyiv et d'affaiblir les défenses antiaériennes ukrainiennes.

Quant à la Chine, c'est elle qui a permis au régime de se maintenir à flot durant la période de rétablissement des sanctions américaines à partir de 2019. Depuis lors, la Chine est devenue le premier acheteur de pétrole iranien *via* des filières opaques[1]. Le volume des achats chinois est estimé entre 850 000 et 1,1 million de barils par jour[2]. Ces ventes ont permis de maintenir une entrée de devises pour le régime iranien malgré les sanctions du Trésor américain. Les deux pays ont signé un protocole d'accord pour les vingt-cinq années à venir, qui renforce ce partenariat dans tous les domaines.

Toutefois, la Russie comme la Chine font traditionnellement l'objet d'une défiance de la part des Iraniens, défiance qui perdure aujourd'hui parmi le peuple comme au sein d'une partie des élites du régime.

L'Iran a fait les frais de l'impérialisme russe puis soviétique : après avoir subi face aux troupes tsaristes deux guerres dont le pays est sorti humilié et amputé d'une partie de son territoire dans le Caucase, l'Iran a été le terrain du « grand jeu » entre les Russes et les Britanniques, et la moitié nord du pays est restée sous influence étroite des Russes. Puis, cette zone a subi plusieurs tentatives de déstabilisation fomentées par le pouvoir soviétique, qui ont abouti, à la fin des années 1940, à la proclamation d'éphémères républiques prosoviétiques : celle d'Amol, celle d'Azerbaïdjan iranien et celle de Mahâbâd au Kurdistan. Cette histoire commune tumultueuse a engendré un sentiment de défiance profond envers les Russes, qui se ressent encore aujourd'hui. Ainsi, durant la guerre civile syrienne, l'armée russe est entrée dans le conflit en septembre 2015 et a sollicité de pouvoir utiliser les bases iraniennes pour ses opérations de ravitaillement. Cette requête a déclenché un débat virulent en Iran, où même les plus ultras rappelaient qu'aux termes de la Constitution

1. Reuters, « China Ramps Up Iranian Oil Imports », février-mars 2023 ; Bloomberg, « Sanctioned Crude Quietly Flows to China », 2022.
2. Middle East Institute, « How China Keeps Iran Afloat », 2023.

du pays, il est strictement interdit d'héberger des troupes étrangères sur le territoire national.

Quant à la Chine, elle est perçue comme un pis-aller économique. Les Iraniens sont attirés par la modernité occidentale, non seulement pour ce qu'elle offre économiquement, mais aussi en tant que modèle politique libéral. Ainsi, l'accord de vingt-cinq ans a été la cible de nombreuses critiques très virulentes, y compris au sein de l'appareil politique iranien et du camp des ultras, qui rejettent tout assujettissement de l'Iran à quelque pays que ce soit. Le gouvernement a rappelé avec force que l'accord n'était pas irréversible, et que si les circonstances et l'isolement du pays commandaient de s'arrimer plus solidement à des partenaires économiques comme la Chine, ce rapprochement ne devait pas empêcher de poursuivre sur la voie de l'indépendance, seule voie salutaire pour le pays.

Pour aller plus loin

• Hamid Dabashi, *Iran : a People Interrupted*, New Press, 2007.
• Suzanne Maloney, *Iran's Long Game in the Middle East*, Brookings, 2020.
• Karim Sadjadpour, *Reading Khamenei : the World View of Iran's Most Powerful Leader*, Carnegie Endowment for International Peace, 2009.

CHAPITRE 19

« La République islamique veut être le leader du monde chiite »

La Révolution n'est pas chiite, elle est islamique

La Révolution iranienne se présente au monde comme une Révolution islamique. Le fait qu'une telle Révolution, dont la finalité est de s'étendre au monde entier, démarre en Iran est une contingence liée au fait que le peuple iranien a été le premier à se soulever car il faisait partie des peuples les plus opprimés sous le Shah. D'ailleurs, l'Iran n'est pas mentionné comme tel dans le premier projet de Constitution rédigé à Neauphle-le-Château : il y est question de « partie libérée de la terre d'islam » (*qesmat-e âzâd-chodé ye dar-e-eslâm*).

Cette prétention iranienne à constituer le phare de toute l'*umma** se heurte d'emblée à la réalité. Saddam Hussein a beau jeu durant la guerre Iran-Iraq de se présenter comme le leader du monde musulman qui, dans son immense majorité, est sunnite, face aux hérétiques chiites et persans. Il remet au goût du jour l'imaginaire lié aux premières *fitna** (« discordes ») entre croyants et dit rejouer la bataille de la Qaddissiyya*, qui a vu s'affronter les troupes musulmanes et les Perses sassanides. La Révolution iranienne fait peur dans le monde arabe, et la plupart des pays arabes soutiennent l'Iraq face à l'Iran, à l'exception de la Syrie. Cela étant, la Syrie ne se range pas du côté de l'Iran pour des raisons confessionnelles. Davantage que soutenir l'Iran, Hafez al Assad souhaite affaiblir son adversaire principal, le frère ennemi irakien baathiste.

Conscient de la difficulté de se revendiquer leader du monde musulman sans être ni arabe ni sunnite, Khomeiny entreprendra une politique d'arabisation de l'Iran, recourant à des canaux très divers, y compris la toponymie, avec la débaptisation de nombreuses rues et places des grandes villes au profit de noms religieux et arabes, le déboulonnage de statues de figures de la culture persane (Khomeiny est allé jusqu'à ordonner la destruction de la statue de Ferdowsi en plein Téhéran, ce qui a suscité un tollé qui l'a contraint à reculer), ou encore l'interdiction de l'inscription à l'état civil de prénoms d'origine strictement persane ou à connotation zoroastrienne pour les nouveau-nés. Il réactivera aussi un vieux rêve consistant à briser les barrières théologiques entre chiisme et sunnisme, en autorisant par exemple les fidèles chiites à prier aux côtés des fidèles sunnites et même derrière un imam sunnite.

De manière générale, Khomeiny, ambitionnant de fédérer le soulèvement de tous les musulmans et d'en prendre la tête, ne parle jamais de chiisme, tout au plus de jafarisme* (*madhhab al ja'fari*, du nom de Ja'far al-Sâdiq, sixième imam, qui a codifié le rite chiite), réduisant les différences fondamentales entre les deux confessions à ce qui s'apparenterait à de ponctuelles divergences de points de doctrine sans conséquence.

Mustakbarin, mostaz'afin

La doctrine khomeyniste se fonde sur la distinction entre les possédants, les *mustakbarin*, littéralement « ceux qui se font plus importants qu'ils ne le sont », commettant par là un péché d'orgueil vis-à-vis de Dieu, qui seul est grand, et les *mostaz'afin*, littéralement « ceux dont on tire parti », ceux qu'on exploite, les opprimés ou les déshérités pour reprendre un terme consacré. Dans cette dernière catégorie, Khomeiny place tous les opprimés : classes laborieuses, clergé militant et martyrisé par le pouvoir, et tous les opprimés du monde, qu'ils soient victimes de l'impérialisme américain dans le tiers-monde ou au sein même de l'Occident, par exemple les minorités musulmanes ou noires américaines.

Khomeiny essentialise le statut d'opprimé et en fait le fer de lance du mouvement révolutionnaire qui part d'Iran et a vocation à s'étendre au monde entier, donnant corps à la prophétie coranique selon laquelle Dieu fera des opprimés des héritiers. La Révolution sonne le glas, depuis l'Iran, de l'attitude d'arrogance des *mustakbarin* partout dans le monde : les *mostaz'afin* prennent le pouvoir et fondent la seule société juste possible : celle de l'islam.

Cette doctrine n'est pas à proprement parler chiite. Si l'Iran lui a fourni un terrain propice, c'est que ce concept de *mostaz'afin*, d'opprimés, résonne de manière particulièrement forte en milieu chiite, confession qui se conçoit comme martyrisée par la majorité sunnite, par les gouvernements successifs depuis les premiers califes, impies, arrogants et illégitimes, et parce que les fidèles chiites sont plongés dans l'attente eschatologique d'un sauveur qui viendra les délivrer de leur statut d'opprimés pour inaugurer une ère de justice et d'équité. Pour beaucoup d'Iraniens, Khomeiny est ce sauveur et l'octroi du titre d'imam, réservé aux successeurs de sang du Prophète, est le signe de l'eschatologie du khomeynisme.

Ainsi, le khomeynisme, s'il naît dans le terreau largement porteur du chiisme et du dolorisme qui le caractérise, dépasse largement le chiisme, qui n'est jamais pris comme une référence, ni culturelle ni confessionnelle, par Khomeiny, dont le propos est symétriquement inscrit dans l'islam tout entier.

Sur cette base, la République islamique, dès les premières heures de la Révolution, démarre un travail visant non pas à exporter la Révolution, mais plus précisément à aider à la faire advenir parmi les peuples frères, qu'ils soient chiites ou non, et avec un intérêt particulier pour le peuple palestinien, qui fait figure dans le monde musulman d'opprimé par excellence. Il faut libérer les Palestiniens et délivrer la terre palestinienne, bien indivisible de la communauté musulmane, qui se trouve occupée par les arrogants et par l'impérialisme occidental, dont Israël est le fer de lance en terre d'islam. La Palestine se trouve tout naturellement être le premier terrain d'application de la lutte des *mostaz'afin* contre les *mustakbarin*.

Les Gardiens de la Révolution fondent le Hezbollah libanais dans le contexte de l'occupation israélienne du Liban-Sud, ainsi que le Conseil suprême de la Révolution islamique en Iraq sur les bases du parti islamiste irakien Da'wa* (« prédication, appel »), destiné à reproduire l'expérience révolutionnaire chez le voisin. Le Hezbollah et les cadres du parti irakien Da'wa seront les pionniers qui fourniront l'armature idéologique et l'entraînement à toutes les milices chiites de la région, sous l'égide des *Pâsdârân*. C'est le point de départ de la constitution de ce qu'on appelle aujourd'hui l'« axe de la Résistance » (*muqâwima** en arabe, *maqâvemat* en persan), abusivement qualifié d'« axe chiite ».

Pour aller plus loin

- Laurence Louër, *Chiisme et politique au Moyen-Orient*, Autrement, 2008.
- Sabrina Mervin, *Les Mondes chiites et l'Iran*, Karthala, 2007.
- Vali Nasr, *The Shia Revival*, W. W. Norton, 2006.

CHAPITRE 20

« L'axe de la Résistance mis en place par l'Iran est un axe chiite »

Utilisée pour la première fois par le souverain de Jordanie Abdallah II à la suite de la guerre entre Israël et le Hezbollah en 2006, l'expression « croissant chiite » a fait florès parmi les commentateurs et observateurs de la région. Qu'en est-il réellement ? Qui compose cette Résistance ? La foi chiite est-elle le ciment de l'axe de la Résistance prôné et coordonné par l'Iran ? Qu'est-ce qui tient entre eux les différents mouvements qui la composent ?

Commençons par souligner que ce qu'on regroupe en Occident sous le terme de « chiisme » se réfère à des pratiques socioculturelles très diverses. Il n'y a que peu de points communs entre un adepte de la secte alaouite* et un clerc *osouli** iranien, par exemple, alors que les commentateurs occidentaux les regroupent tous deux très volontiers sous l'appellation « chiite ». La Résistance fédère ainsi des mouvements qui sont très loin du chiisme tel qu'il se pratique majoritairement en Iran.

Au cœur de la Résistance, on trouve le chiisme de l'Iran, qui est le chiisme dit duodécimain, c'est-à-dire celui qui naît du jafarisme et est imprégné d'une culture messianique d'attente de la parousie* de l'imam du temps. En Iran, Khamenei, qui était loin d'avoir la même aura et la même érudition que son prédécesseur Khomeiny, est devenu ayatollah sur le tard et s'est fait reconnaître comme *marja'* en 1994, alors qu'il était déjà Guide suprême. Son magistère est concurrencé en Iran même, où rien n'oblige les fidèles à désigner Khamenei comme *marja'-e-taqlid*. C'est cette version khomeyniste du chiisme, prônant la *velâyat-e-faqih*, courant en réalité minoritaire au sein du chiisme duodécimain, qui est prise pour référence par l'axe de la Résistance.

Le Hezbollah libanais est le mouvement le plus proche du chiisme khomeyniste. Le chiisme libanais est historiquement très semblable au chiisme tel qu'il se pratique en Iran, et les Safavides ont appelé à leur cour des cheikhs du Jabel Amil au Liban pour qu'ils viennent convertir la Perse au chiisme et consolider cette confession en tant que religion d'État. Initialement le Hezbollah suivait son propre chef spirituel et se référait à son propre *marja'*, le cheikh Fadhlollah. Toutefois, à la mort de celui-ci, le secrétaire général du Hezbollah, Hassan Nasrallah, décrète que le Hezbollah suivra dorénavant Khamenei comme *marja'*. En retour, ce dernier fait de Nasrallah son *vakil** (« agent ») pour le Liban, c'est-à-dire qu'il est habilité à collecter l'impôt au nom de Khamenei et à dépenser son produit comme il l'entend. Non seulement le Hezbollah suit l'islam chiite, mais il suit en son sein le khomeynisme et reconnaît la doctrine de la *velâyat-e-faqih*. En revanche, au Liban, les fidèles chiites suivent le modèle qu'ils souhaitent. Beaucoup ne reconnaissent aucune légitimité à Khamenei et suivent des *marja'* arabes, libanais ou, souvent, irakiens, ceux des villes saintes de référence, Karbala, et surtout Najaf.

En Iraq, le chiisme dominant est aussi le chiisme duodécimain, mais les fidèles reconnaissent massivement comme *marja'* les grands ayatollahs de Najaf (du reste pour la plupart Iraniens établis en Iraq, mais qui s'opposent pour beaucoup au khomeynisme). À l'époque de la guerre civile, peu d'Irakiens reconnaissent le leadership théologique et spirituel de Khamenei, y compris parmi les mouvements de résistance islamistes comme le parti Da'wa ou l'armée du Mahdi de Moqtada al-Sadr. En 2014, l'ayatollah Sistani, la plus éminente autorité religieuse chiite en Iraq, Iranien exilé en Iraq – dont il a acquis la nationalité – et devenu grand ayatollah de Najaf, appelle le peuple irakien à se soulever pour lutter contre Daech, qui vient de prendre Mossoul. De nombreuses milices se regroupent pour former la Mobilisation populaire (*Hachd ach-cha'bi*), dont la plupart sont armées, financées, équipées et entraînées par les Gardiens de la Révolution, qui avaient déjà procédé de la sorte pour former le Hezbollah dans les années 1980. Ces milices, pour une large part, restent sous l'influence politique des *Pâsdârân*, mais maintiennent leur obédience spirituelle envers Sistani, rival de Khamenei sur le plan religieux.

Du reste, la Mobilisation populaire a fédéré des groupes qui n'ont aucun rapport avec l'iranité, l'arabité, le chiisme ou même l'islam. On retrouve ainsi des brigades turkmènes, sunnites, et même quelques brigades chrétiennes (*Babyliyyoun*) intégrées à la Mobilisation populaire tout en cultivant une distance plus ou moins grande avec Téhéran. Cette distanciation de certaines milices vis-à-vis de l'Iran ne s'explique d'ailleurs pas exclusivement par l'aspect confessionnel. Ainsi, la brigade *Babyliyyoun*, chrétienne, est probablement la plus pro-iranienne des brigades de la Mobilisation populaire, pour des raisons clientélistes et de rivalités internes à la Mobilisation. À l'inverse, de nombreuses brigades chiites ne reconnaissent aucune légitimité à Khamenei, se réfèrent uniquement à l'ayatollah Sistani et ne voient pas forcément d'un bon œil l'ascendant perse sur la scène politique irakienne arabe.

Au Yémen, les Houthis professent le zaydisme. On réduit souvent cette confession d'essence révolutionnaire à une branche du chiisme, mais en réalité elle n'a que peu de rapport du point de vue théologique avec le chiisme duodécimain et se rapproche bien davantage du sunnisme en raison de l'accent qu'elle met sur le dogme de l'unicité divine (*tawhid**), fondement du sunnisme et qui contrevient à certains principes au cœur du chiisme comme l'intercession des saints imams. De plus, politiquement et militairement, le zaydisme s'est opposé avec constance au chiisme duodécimain dans l'Histoire.

Enfin, on range souvent la Syrie de Hafez puis Bachar al Assad dans les rangs chiites. C'est une simplification. L'alaouisme syrien, bien qu'il soit né d'une dissidence chiite, n'a aujourd'hui que peu de points communs avec le chiisme duodécimain. Parce qu'il divinise Ali, le premier imam, il est considéré comme une secte hérétique par la quasi-totalité des autres courants de l'islam – religion fondée sur l'unicité divine (*tawhid*) –, y compris les jafaristes qui deviendront duodécimains. Surtout, l'alliance des Assad avec l'Iran n'a rien de confessionnel : Hafez se range du côté de l'Iran durant la guerre Iran-Iraq en raison de son hostilité au Baath irakien, et maintient cette alliance davantage par antisionisme que par adhésion à la *velâyat-e-faqih*, qui fait plutôt figure de menace pour un régime qui prône un certain laïcisme. Durant la guerre civile libanaise, les forces syriennes affrontent d'ailleurs dans des combats sanglants les forces du Hezbollah naissant, qui s'opposent au protégé syrien dans la communauté chiite libanaise, le parti Amal. Le maintien de l'alliance iranienne par Bachar al Assad s'explique davantage par une convergence d'intérêts dans la guerre civile syrienne que par un improbable confessionnalisme : Téhéran a besoin du maintien d'une continuité territoriale pour continuer à livrer le Hezbollah en armes *via* les territoires syrien et irakien et, les Alaouites étant minoritaires dans le pays, la chute de Bachar était susceptible de porter au pouvoir des forces hostiles à la République islamique – ce qui est le cas avec la prise de Damas par le HTC*. De son côté, pour se maintenir au pouvoir, Bachar al Assad, qui s'était auparavant érigé en protecteur du Hezbollah, a accepté de brader sa souveraineté en devenant son affidé. Le Hezbollah a redressé la situation et permis au régime de reprendre la main face aux insurgés en 2013.

Enfin, la Résistance allie aussi des groupes qui n'ont absolument rien à voir avec le chiisme. Les groupes palestiniens sont tous sunnites ou chrétiens, le chiisme étant quasi inexistant en Palestine. Les groupes soutenus équipés et financés par l'Iran que sont le Hamas et le Jihad islamique professent un islam totalement distinct de l'islam iranien. Pour autant, ils reconnaissent en Khomeiny et en la Révolution islamique d'Iran une inspiration pour tous les musulmans, explicitement reconnue dans les chartes de ces mouvements comme un modèle à reproduire, mais sans qu'aucune affinité confessionnelle entre en ligne de compte.

Enfin, si l'on élargit un peu la focale, la politique étrangère iranienne dépasse largement le soutien au chiisme pour embrasser toute cause qui cible l'Occident : soutien aux divers régimes qui professent un antiaméricanisme comme Cuba ou le Venezuela, rapprochement avec la Chine, montée en puissance d'un soutien militaire direct à la Russie, avec la livraison de drones qui sont employés en Ukraine.

Le 7-Octobre montre que les Palestiniens sunnites (Hamas et Jihad islamique) peuvent être au-devant de la dynamique de Résistance établie par l'Iran, précisément parce qu'ils ne luttent pas au nom du sunnisme, mais au nom de l'islam et de la lutte contre la colonisation. Ce qui les rapproche de l'Iran est qu'ils font de l'islam, indépendamment de tout confessionnalisme, le vecteur de leur lutte, et de l'impérialisme occidental, avec Israël comme fer de lance au Proche-Orient, leur cible. De la même manière, les Palestiniens étaient présents en Iran en 1979 et ont participé à la Révolution dans les rues de Téhéran, car ils œuvraient pour faire advenir une Révolution islamique en Iran, et non une Révolution iranienne.

Au total, réduire l'axe de la Résistance à une internationale chiite, c'est manquer ce qui fait sa spécificité et une partie de sa raison d'être. L'Iran est à la tête d'une internationale dont la caractéristique première n'est pas le chiisme. Ce qui soude tous ces groupes, c'est la revendication d'une résistance à l'Amérique et au sionisme, la revendication d'un statut de déshérités (*mostaz'afin*) qui prennent leur revanche sur l'Histoire et sur le colonisateur. L'islam est un vecteur revêtant une importance structurante (même si on trouve dans la Résistance quelques groupes non islamiques), mais en son sein, le chiisme n'est pas revendiqué comme porteur d'un magistère moral. C'est son essence de religion du martyre, au centre de sa théologie et de son eschatologie, qui explique qu'elle revête un poids particulier. Et dans le khomeynisme, c'est le succès de la Révolution, et non la doctrine de la *velâyat-e-faqih*, qui explique les ralliements.

La politique étrangère iranienne n'est donc pas pan-chiite et son objectif n'est pas la réunion de tous les chiites. Si la République islamique a rapidement cherché à faire advenir des mouvements révolutionnaires chez les voisins en établissant des structures à cette fin, comme le Conseil révolutionnaire en Iraq ou le Hezbollah au Liban, les tenants d'une exportation par tous les moyens de la Révolution *via* une subversion chiite ont rapidement été écartés des instances décisionnelles de la République islamique. Il est symptomatique que le Hezbollah ait lui-même supprimé de ses statuts la référence à l'établissement d'un émirat islamique au Liban.

Le chiisme est un terreau favorable à la lutte, en ce que les chiites représentent une communauté qui revendique sur le plan eschatologique leur statut d'opprimés depuis le martyre de l'imam Hussein, et que cette position du dogme trouve un écho particulier dans certains pays, où les chiites sont minoritaires – par exemple au Bahreïn – et laissés pour compte. Mais c'est exactement le même ressort qui explique que le soutien aux Palestiniens soit structurant dans la politique iranienne, alors même que le peuple palestinien est absolument étranger au chiisme. Car, précisément, il ne s'agit pas d'un soutien aux Palestiniens en tant que peuple. L'Iran soutient les seuls mouvements palestiniens islamistes qui revendiquent leur combat au nom de la lutte contre « l'entité sioniste » : le Hamas et le Jihad islamique, ainsi que d'autres petits groupes armés. À l'inverse, le gouvernement de l'Autorité palestinienne est considéré comme tout aussi impie que les autres gouvernements arabes, d'autant plus que le Fatah au pouvoir revendique un nationalisme laïc opposé aux islamistes, notamment au Hamas avec lequel il est entré en guerre civile en 2007.

L'Iran ne soutient pas les Palestiniens, il soutient les opprimés qui luttent pour rétablir la justice au profit du peuple palestinien, cette justice devant passer par la destruction de « l'entité sioniste ».

Pour aller plus loin

• Arash Azizi, *The Shadow Commander*, Oneworld, 2020.
• Nader Hashemi et Danny Postel, *Sectarianization*, Hurst/Oxford University Press, 2017.
• International Crisis Group, *Iran's Networks of Influence in the Middle East*, 2019.
• Karim Sadjadpour, *Iran's Unwavering Strategy in the Middle East*, Carnegie Endowment for International Peace, 2020.

CHAPITRE 21

« L'affrontement contre Israël n'est que rhétorique, l'Iran ne veut pas vraiment détruire Israël »

La disparition d'Israël au cœur du projet de Révolution porté par Khomeiny

Israël est considéré par la théorie khomeyniste comme une tête de pont de l'impérialisme américain dans la région, implanté directement en terre d'islam. L'expression « tumeur cancéreuse » (*ghodde ye saratâni*) est consacrée dans le discours officiel, et notamment dans les sermons de la prière du vendredi. Il est de la responsabilité des musulmans de lutter contre le sionisme, qu'il faut éradiquer. Israël n'est qu'un régime colonisateur, prolongeant les politiques impérialistes des anciennes puissances colonisatrices. La théorie khomeyniste, reprise dans les chartes des mouvements de libération palestiniens tels que le Hamas, déclare que la Palestine est un bien incessible propriété de la nation musulmane, et qu'à ce titre il est du devoir de tout croyant d'œuvrer pour la libérer.

Israël est un colonisateur qui a spolié les terres des Palestiniens, faisant de ce peuple l'archétype du peuple opprimé et dépossédé, le *mostaz'af*, dont la lutte pour l'émancipation est le moteur de la

Révolution islamique, et dont la victoire finale ne fait aucun doute, puisqu'elle est prophétisée dans le Coran (notamment Coran 28 : 5 : « Mais nous voulions favoriser ceux qui avaient été faibles sur Terre et en faire des dirigeants et en faire des héritiers »). Lutter contre Israël est donc la responsabilité de tous les musulmans, et la libération de la Palestine est une étape majeure dans la voie vers la libération de tous les musulmans et de tous les opprimés partout dans le monde.

Enfin, Israël occupe les lieux saints, notamment Jérusalem où se trouvent la mosquée Al-Aqsa, troisième lieu saint de l'islam, et le Dôme du Rocher, d'où la tradition rapporte que le Prophète s'est envolé pour son ascension nocturne (*mi'raj*) durant laquelle il rencontre dans les cieux les prophètes auxquels il succède, et est introduit à Dieu avec lequel il s'entretient. La vieille ville de Jérusalem est envahie en 1967 et annexée par Israël en 1980. Il est de la responsabilité de tout musulman de lutter contre l'occupation, et spécifiquement d'œuvrer à la libération de ces lieux saints.

Plus largement, Israël est vu comme un agent de l'« arrogance mondiale », *estekbâr-e-djahâni*. Cette expression est construite sur la même racine arabe K-B-R (notion de grandeur) que le vocable coranique de *mustakbarin* : l'*estekbâr*, l'arrogance, littéralement « le fait de se faire plus grand qu'on ne l'est », n'est pas qu'un quolibet à la face de l'Occident et d'Israël. Pour les Iraniens, c'est un péché d'orgueil, un péché religieux. Cette « arrogance mondiale » regroupe, sous l'égide des États-Unis, l'entité sioniste, mais aussi les régimes usurpateurs de la région, à commencer par l'Arabie des Saoud, considérée comme occupant les lieux saints de La Mecque et Médine, ainsi que l'Iraq de Saddam Hussein, considéré comme occupant les lieux saints chiites de Nadjaf et de Karbala. Si le premier combat est celui contre Saddam, car les contingences ont projeté l'Iran dans la guerre contre l'Iraq, le combat contre Israël est primordial, car il se déroule directement en terre d'islam, contre l'ennemi satanique, et non ses seuls suppôts que sont les régimes arabes impies.

Dès les débuts de la Révolution, Khomeiny fixe le cap, faisant de la cause palestinienne le vecteur de l'exportation de la Révolution : « Si [tous les musulmans] se soulèvent, Israël disparaîtra totalement. » Cette cause palestinienne est brandie comme un étendard, non pour soi ou pour la défense de la dignité des Palestiniens, mais comme vecteur de la disparition de la tumeur cancéreuse que représente Israël en terre d'islam. L'objectif khomeyniste, plus que l'autodétermination du peuple palestinien, est la destruction d'Israël, la disparition de l'anomalie que constitue cette existence juive en terre d'islam incessible.

La radicalisation de la rhétorique antisioniste iranienne

La République islamique ne reconnaît pas l'existence de l'État d'Israël, dont l'ambassade à Téhéran a été remise à l'Organisation de libération de la Palestine (OLP) en 1979. Ce déni de l'existence de l'État hébreu est une constante dans l'histoire et la rhétorique iraniennes, qui transcende les clivages politiques. L'État d'Israël n'est jamais nommé ainsi, la République islamique lui niant tant la qualité d'État que la dénomination que cet État s'est choisie. Ainsi, la rhétorique officielle vise Israël en tant que « régime » (*nezâm*), c'est-à-dire en tant qu'entité politique d'occupation et d'oppression. Dès la Révolution fleurissent ainsi les slogans contre Israël, qualifié le plus souvent de « régime sioniste » ou de « régime infanticide ». Du reste, la complexité de la réalité sociale en Israël est occultée : il n'est jamais fait mention du fait que le peuple palestinien est composé aussi de communautés chrétiennes et juives, ni qu'il existe des Arabes israéliens qui se considèrent comme membres du peuple palestinien vivant en Israël et participant à la vie civile de cet État qu'ils considèrent comme le leur.

Au-delà des vocables déniant à Israël toute existence légale, dès la guerre Iran-Iraq, les Iraniens ont usé d'expressions agressives, notamment celle de « tumeur cancéreuse », inaugurée par Khomeiny lui-même, à l'occasion de la première journée de Qods (Jérusalem) en 1980, commémoration annuelle qu'il a instituée afin de mettre la question palestinienne en haut de l'agenda international et de revendiquer un leadership sur la cause palestinienne.

Cette rhétorique a été perpétuée par Ali Akbar Hachemi Rafsandjani (président du Parlement puis président de la République à partir de 1989) durant toute la guerre Iran-Iraq. Dans un discours prononcé le 21 mai 1982, Rafsandjani semble franchir un pas inédit, accusant les pays arabes de la région d'apathie à l'égard d'Israël et annonçant que, *in fine*, si rien n'est fait, ce sera l'Iran qui « détruira Israël ». Ce propos s'inscrit dans un contexte où l'Iran entreprend d'idéologiser sa guerre avec l'Iraq, refusant à l'été 1982 un armistice qui était pourtant à portée de main. Dans une politique jusqu'au-boutiste visant à consolider la République, Khomeiny déclare qu'après la libération du territoire iranien, l'objectif est d'aller à Karbala, puis de poursuivre pour libérer Jérusalem (« la route de Jérusalem passe par Karbala »).

Lors de sa prise de fonctions, le président réformateur Khatami a fait taire les discours antisionistes les plus virulents. Moment symbolique connu de tous les Iraniens : lors d'un meeting, alors que des militants *bassidji* tentaient d'empêcher Khatami de parler en scandant le traditionnel « *Marg bar Isrâ'el* » (« Mort à Israël »), le président leur répond que l'Iran n'a plus besoin de la mort (*marg*), mais de la vie. Il est ensuite allé jusqu'à admettre la possibilité d'un changement de position iranienne vis-à-vis de l'existence d'Israël : en novembre 1997, lors du sommet des chefs d'État de la Conférence islamique à Téhéran, Khatami déclare en effet que si les Palestiniens acceptent l'existence d'Israël, l'Iran l'acceptera également. Enfin, à l'occasion des obsèques du pape Jean-Paul II en 2005, il est rapporté que Khatami échange une poignée de main avec le président israélien Moshe Katzav, et s'entretient en persan avec ce Juif natif de la ville iranienne de Yazd. Khatami démentira ensuite « vivement » tout échange avec le président israélien, révélant la sensibilité de la question pour la République islamique.

Après cette parenthèse, le président Mahmoud Ahmadinejad a remis au goût du jour la rhétorique anti-israélienne, banalisant l'idée de « détruire Israël », tout en jouant sur l'ambiguïté. Juste après son élection en 2005, le président Ahmadinejad a repris mot pour mot une phrase attribuée à l'ayatollah Khomeiny, qui avait déclaré que « le régime occupant Jérusalem [avait] vocation à disparaître des pages du temps » (« *bâyad az safhe ye rouzegâr mahv chavad* », dans la ligne de l'appel à la disparition, mais non à la destruction d'Israël). Les propos d'Ahmadinejad ont à l'époque été traduits par les services de presse occidentaux selon les termes suivants : « Israël doit être rayé de la carte. » Il s'agit d'une erreur de traduction ; toutefois cette erreur n'a pas été corrigée par les autorités iraniennes après qu'elle est apparue dans la presse, et Ahmadinejad, sans la reprendre explicitement à son compte, a pu en jouer pour renforcer son positionnement antisioniste.

Du reste, par-delà les inflexions historiques, les autorités de la République islamique ont toujours joué sur l'ambiguïté rhétorique. Ainsi, le slogan « *Marg bar Israel* » peut être traduit de deux façons : ou bien « À bas Israël », ou bien « Mort à Israël ». On note que, alors que les médias occidentaux choisissaient de retranscrire le slogan par « Mort à Israël », les autorités iraniennes ont laissé prospérer cette traduction, qui n'est pas absolument fausse, mais pas nécessairement exacte non plus.

Alors qu'on aurait pu s'attendre à un retour du pragmatisme avec Rohani, il n'y a eu aucune prise de distance qui serait comparable à celle constatée sous le réformateur Khatami. Au contraire, on observe une augmentation des prises de parole antisionistes chez de nombreux dirigeants de la République islamique. Dès son élection en 2013, sans aller jusqu'à mentionner une tumeur cancéreuse, M. Rohani a qualifié Israël, à l'occasion de la journée d'*al Quds*, de « blessure » sur le corps de l'islam : « Dans notre région, il existe une blessure sur le corps du monde de l'Islam à cause de l'occupation d'*al Quds* et de la Palestine. » Par ailleurs, dès sa prise de fonctions, M. Rohani a qualifié à plusieurs reprises Israël de « régime infanticide » et de « régime usurpateur », termes consacrés depuis 1980.

Mais on note par la suite une inflexion dans le discours de M. Rohani, à partir du retrait américain du JCPOA. En novembre 2018, à la tribune du sommet des chefs d'État de la Conférence islamique, ainsi qu'à la tribune de l'Assemblée générale des Nations unies, il reprend à son compte la formule « tumeur cancéreuse ». Il a réutilisé cette expression à la suite de la décision américaine de reconnaître unilatéralement la souveraineté israélienne sur la partie occupée du Golan.

La montée en puissance d'une rhétorique visant la destruction d'Israël

Dans le même temps, les plus haut gradés de l'IRGC*, de leur côté, ont adopté ouvertement la rhétorique consistant à appeler à la destruction d'Israël. En avril 2018, alors qu'il est à cette époque commandant en second de l'IRGC, le général Hossein Salami avait déjà déclaré que « le déclenchement de toute nouvelle guerre dans la région aboutirait certainement à l'élimination d'Israël de la carte du monde », reprenant à son compte l'idée de « rayer Israël de la carte », issue, nous l'avons indiqué, d'une traduction erronée des propos de Khomeiny cités par Ahmadinejad. Toutefois, à ce stade, M. Salami place la responsabilité de cette élimination sur Israël lui-même, et non sur l'Iran.

Or, à l'occasion du quarantième anniversaire de la Révolution en février 2019, le général Salami, devenu entre-temps commandant en chef des Gardiens de la Révolution, a déclaré que l'IRGC est parvenu, après quarante années d'efforts en ce sens, « à atteindre la capacité pour détruire le régime sioniste imposteur ». Il conclut de manière prophétique : « Dans la deuxième phase [de la Révolution], ce régime sinistre doit être éliminé de la carte et cela n'est plus un idéal ou un rêve, mais un but à portée de main. » C'est la première fois que l'IRGC se positionne sans ambiguïté en vecteur direct de la destruction d'Israël.

Les propos en ce sens se sont multipliés par la suite. Le commandant des forces aériennes de l'IRGC, Aziz Nassirzadeh, a déclaré, par exemple, en avril 2019, que l'Iran était « prêt à rayer le régime sioniste de la face du monde », ajoutant que « les générations actuelles et futures étaient prêtes et impatientes, avec toutes les fibres de leur être, pour la bataille contre le régime sioniste » et étaient « en train d'acquérir les connaissances nécessaires pour le jour promis de la bataille pour la destruction d'Israël ».

Au total, les slogans antisionistes ont longtemps représenté des vecteurs de mobilisation permettant de donner un horizon et une perspective eschatologique à un régime dont l'aspect révolutionnaire est à bout de souffle. Cet élan mobilisateur confine parfois au folklore, avec par exemple la prophétie de M. Khamenei, fixant une date pour la cessation de l'existence d'Israël – d'ici 2040 – et l'installation sur une place de Téhéran d'un compte à rebours avant la « disparition d'Israël des pages du temps ». Toutefois, l'IRGC a repris à son compte les aspects les plus virulents et les plus antisémites de la rhétorique officielle, allant jusqu'à non seulement appeler ouvertement à la destruction d'Israël, mais aussi se positionner en vecteur de cette destruction.

Un épisode est particulièrement éclairant : en décembre 2018, Mohammad Javad Zarif, alors ministre des Affaires étrangères iranien, accorde un entretien à l'hebdomadaire *Le Point*. Cet entretien a lieu dans un contexte sensible, où l'accord nucléaire a été dénoncé par les Américains, mais où les Iraniens prennent toujours soin de ménager les autres puissances occidentales, dont ils ont besoin pour compenser les effets économiques du retour des sanctions américaines. Zarif y déclare que « personne [en Iran] n'a déclaré que nous allions détruire Israël ». Ces propos ont entraîné une véritable polémique, les conservateurs accusant Zarif de trahir la pensée de l'imam

Khomeiny, alors que certains influenceurs sur les réseaux sociaux y ont vu l'annonce d'une inflexion envers Israël. Hassan Rahimpour Azghadi, important théoricien conservateur, a déclaré en réaction : « Ceci est un mensonge. C'est une injure à l'imam. L'imam a dit qu'Israël devait disparaître [...]. [Zarif] souhaite dire qu'une ligne promouvant la normalisation et la libéralisation existe et demeure active au sein du pouvoir en Iran, et n'a que faire de l'islam, de la révolution et de l'histoire. »

Quant au Guide suprême Ali Khamenei, qui profère régulièrement des propos négationnistes quant à la réalité de la Shoah et cite abondamment Roger Garaudy, connu pour ce type de positions, il a établi la ligne officielle : il rappelle que l'objectif est bien d'éliminer Israël, tout en s'employant à souligner que l'Iran n'est pas opposé aux Juifs.

Au total, alors que les dirigeants successifs de la République islamique ont pu jouer sur l'ambiguïté entre la nécessité de détruire Israël et celle de le voir sortir des pages du temps, la rhétorique du régime est marquée par une nette montée en puissance d'une rhétorique de destruction. Cette rhétorique glisse du champ eschatologique et prophétique pour investir le lexique militaire. Or, au même moment, l'Iran tisse ses réseaux de Résistance qui ciblent « l'entité sioniste » militairement.

Pour aller plus loin

- Arash Azizi, *The Shadow Commander*, Oneworld, 2020.
- Matthias Küntzel, *The Iran Threat*, Telos Press, 2007.
- Meir Litvak (dir.), *Iranian Anti-Semitism and Anti-Zionism*, Tel Aviv University, 2019.
- Behnam Ben Taleblu, *Iran's Anti-Israel Strategy*, FDD Reports, 2023.

CHAPITRE 22

« L'Iran n'a aucun intérêt à réellement détruire Israël, qui est le "meilleur ennemi de la République islamique" »

Cette rhétorique antisioniste, au fondement de la République islamique depuis ses débuts, accompagne la mise en œuvre d'une politique concrète de « résistance à l'entité sioniste ». Cette politique est coordonnée par Téhéran et mise en œuvre par l'action des membres de la Résistance. La Résistance, bien qu'agglomérant des groupes divers qui suivent aussi des intérêts propres, a été mise sur pied par l'Iran pour libérer la Palestine en détruisant Israël. En quarante années au pouvoir, la République islamique a mis en place un dispositif qui, de fait, encercle aujourd'hui Israël.

Au Liban

La mise en place de ce dispositif s'appuie sur les communautés chiites radicalisées dans les divers pays de la région, ainsi que sur le prestige des combattants palestiniens. Les révolutionnaires iraniens s'impliqueront activement dès les premiers jours de la Révolution, pour structurer autour de ces groupes des mouvements de Résistance partout où cela est possible dans les différents pays où existent des communautés chiites, en premier lieu l'Iraq et le Liban. Au Liban, le mouvement Amal, parti politique de référence pour les chiites libanais, qui est le vecteur d'une radicalisation de l'action du Mouvement des déshérités de Moussa Sadr, est fondé avec l'engagement actif de Mostafa Chemirane, commandant des Gardiens et premier ministre de la Défense de la République islamique, puis chef des services secrets du nouveau régime, ainsi que d'Ali Akbar Mohtachemipour, ambassadeur de la République islamique en Syrie, qui s'efforce d'obtenir un passage des armes et du ravitaillement par le territoire syrien depuis l'Iran jusqu'au Liban. Chemirane et Mohtachemipour s'impliquent aussi dans l'entraînement des chiites du Liban-Sud au maniement des armes. À cette époque, les camps d'entraînement de l'OLP au Liban-Sud sont un point focal des mouvements islamistes, une base arrière pour les attaques contre Israël et les infiltrations en territoire israélien. Les Palestiniens évoluent dans un environnement libanais où domine la communauté chiite, laissée pour compte. Les groupements d'intérêts politiques chiites, qui sont alors naissants et s'efforcent sous l'impulsion de Moussa Sadr de structurer une représentation chiite étatique tout en organisant un soutien social à ces communautés, sont galvanisés par la victoire de la Révolution en Iran. De nombreux cadres des partis islamistes chiites, comme le Da'wa en Iraq, partent acquérir une formation militaire au Liban, notamment dans la Bekaa, qui devient un centre de formation et d'entraînement central, en raison de la proximité d'Israël, de la prégnance de groupes de Résistance déjà actifs dans les communautés palestiniennes, comme les camps de réfugiés installés au Liban, et d'une frontière avec la Syrie particulièrement poreuse et propice aux trafics, notamment d'armes. Les Gardiens de la Révolution organisent la coordination de ces divers mouvements. Alors qu'Israël envahit le Liban, l'Iran riposte en envoyant dans ce pays, *via* la Syrie, un groupe de Gardiens de la Révolution, qui participe à la fondation du Hezbollah libanais, qui privilégie l'action violente et les attentats terroristes, actant l'échec des mouvements chiites non violents d'inspiration sadriste.

En Iraq

En Iraq, la volonté iranienne de propager la Révolution s'est toujours heurtée à plusieurs obstacles : la concurrence de la *marja'iyya* de Najaf, qui ne reconnaît pas la légitimité religieuse du Guide Ali Khamenei, mais aussi le fait que les principaux partis islamistes chiites du pays se sont rapidement détournés de l'Iran. C'est le cas du parti Da'wa, compagnon de route des khomeynistes au début de la Révolution, et dont plusieurs membres partent au Liban pour participer à la fondation du Hezbollah, mais dont la tendance laïque prend ensuite rapidement l'ascendant en Iraq sur les clercs. C'est aussi le cas des réseaux shirazistes*, rivaux de la *marja'iyya* de Najaf et, pour cette raison, alliés de Khomeiny, mais qui se détournent par la suite d'une République islamique dont ils estiment qu'elle a perdu sa force révolutionnaire après la mort de Khomeiny.

Toutefois, l'invasion américaine de 2003 et la chute du régime de Saddam Hussein vont changer la donne. L'entreprise américaine de débaathification du régime et de l'appareil d'État, ainsi que la confessionnalisation du système institutionnel, vont ouvrir la voie à la pénétration du régime iranien.

Les chiites ne tardent pas à prendre leur revanche sur les sunnites qui tenaient les positions de pouvoir sous Saddam Hussein et menaient une politique confessionnelle et hostile aux chiites. Ces derniers investissent massivement la scène politique irakienne, inaugurent une politique sectaire de marginalisation des sunnites, qui, en retour, se radicalisent dans la violence pour reconquérir le pouvoir. Les affrontements confessionnels se multiplient, dégénèrent en guerre civile, et une partie de l'establishment sunnite fonde l'État islamique en Iraq, qui deviendra Daech.

L'ayatollah Sistani, figure majeure du chiisme irakien, quiétiste, et dont le magistère s'étend à tout le monde chiite y compris l'Iran, sort de sa réserve et lance un appel aux armes dans une fatwa publiée au lendemain de la prise de Mossoul par Daech en 2014. En résulte une mobilisation sans précédent, qui conduit à la mise sur pied de nombreuses milices, chiites mais pas seulement. L'Iran joue un rôle majeur dans la structuration de ces milices, les Gardiens de la Révolution se rendent en Iraq et participent à la structuration des groupes, dont beaucoup s'agrègent à la milice Badr, formée par l'Iran dès le début des années 1980. Les Gardiens fournissent les armes et se joignent aux combats. Une fois Daech vaincu, les Gardiens restent sur le terrain et collaborent à la politisation des groupes armés, dont chacun va se doubler d'une vitrine politique servant à convertir le prestige de la victoire en accaparement des ressources étatiques. Ces milices, sous couvert de leur vitrine politique, s'engagent dans des actions de guérilla visant à chasser les troupes américaines du pays, déployées dans le cadre de la Coalition internationale contre Daech. L'Iraq devient un champ de confrontation par procuration avec les Américains.

Dans le même temps, les Iraniens font de l'Iraq un maillon essentiel de leur dispositif d'encerclement d'Israël. Les milices pro-iraniennes contrôlent les axes stratégiques du pays, de la frontière orientale avec l'Iran à la frontière occidentale avec la Syrie, assurant la possibilité d'acheminer armes, financements et équipements, d'Iran jusqu'au Liban, en passant par l'Iraq et la Syrie. Le point d'aboutissement se trouve entre la Bekaa et le Hermel, qui sont restés des régions de contrebande depuis l'époque de la formation du Hezbollah et sont devenus des bastions du mouvement chiite.

En Syrie

En Syrie, les Iraniens profitent du chaos révolutionnaire, puis de la guerre civile, pour prendre pied fermement dans ce pays, en venant en aide à Bachar al Assad dès les premières années de la guerre. D'abord discret, le soutien devient massif, ouvert et décisif quand le Hezbollah s'engage aux côtés du régime dans les actions de combat et de répression. Le Hezbollah monte en puissance et devient un acteur incontournable, qui entreprend de noyauter aussi l'appareil d'État syrien. L'entrée en guerre du Hezbollah aux côtés du régime syrien, alors même que Nasrallah avait d'abord salué les Printemps arabes survenus dans les autres pays arabes comme autant de soulèvements des opprimés contre les régimes impies, s'explique par la nécessité de maintenir le corridor permettant l'acheminement d'armes de l'Iran vers le Hezbollah, en première ligne face à Israël. Ainsi, la première bataille de la guerre civile syrienne dans laquelle le Hezbollah s'implique massivement est la bataille de Qusayr, qui permet précisément de dégager la portion du corridor menant du Hermel syrien à la Bekaa, fief du Hezbollah au Liban. La bataille du mont Qalamoun vise également à chasser les djihadistes des routes stratégiques pour rétablir les axes logistiques vitaux à la Résistance.

À Gaza et en Cisjordanie

La République islamique apporte un soutien important, en armes, en formation et en financements, aux mouvements armés palestiniens islamistes que sont le Hamas et le Jihad islamique. Le Jihad islamique a fait allégeance à Khomeiny, et reconnaît comme *marja'* le guide de la Révolution, Khomeiny puis Khamenei. Quant au Hamas (acronyme de *Harakat al-muqâwima al-islamiyya*, qui signifie « Mouvement de la Résistance islamique », et est la branche palestinienne des Frères musulmans), après une période de tensions avec l'Iran, dues à son refus de combattre aux côtés du régime syrien contre les rebelles, qui lui étaient proches idéologiquement en tant qu'émanation des Frères musulmans, le mouvement s'est finalement réconcilié avec l'Iran, qui a intensifié son soutien en armes et en financements. Aujourd'hui, si la branche politique du mouvement, exilée à Doha, est plus proche du Qatar et de la mouvance des Frères telle qu'elle s'est développée dans le monde arabe et hors de la sphère d'influence iranienne, la branche militaire du mouvement, les brigades *Ezzeddin al Qassam*, est plus proche de la République islamique, qu'elle côtoie notamment au Liban. Les leaders du Hamas à Gaza, notamment Yahya Sinouar, sont par ailleurs des soutiens fervents du Hezbollah libanais, qui mène la lutte à la frontière nord d'Israël. Le 7-Octobre a consacré la prééminence de l'aile militaire et de l'aile proprement gazaouie du mouvement, au détriment de son aile politique et exilée. Avant son élimination par Israël, le responsable ultime de toutes les opérations ainsi que des décisions à prendre dans le cadre des négociations pour un cessez-le-feu et entourant les otages était bien Yahya Sinouar, proche des Iraniens, et qui a imposé son leadership aux structures du mouvement à Gaza et aux brigades *al Qassam*, y compris par la répression des groupes palestiniens dissidents, qu'il dirigeait avant de prendre la tête du mouvement à Gaza.

La République islamique entretient également des liens avec les nouveaux mouvements de Résistance rassemblant des jeunes lassés de la politique de l'Autorité palestinienne, qu'ils jugent relever de la compromission avec l'occupant, groupes qui émergent notamment en Cisjordanie, en particulier les Lions de Naplouse et les Brigades de Jenine. Des liens sont entretenus *via* la présence massive du Hamas en Cisjordanie.

Au Yémen

Le dispositif est complété par l'alliance avec les Houthis au Yémen. Ce groupe est très éloigné du duodécimanisme, puisqu'il ne reconnaît pas l'occultation de l'imam Mahdi, doctrine centrale du chiisme duodécimain. Les Houthis, d'abord un groupe tribal qui revendique une ascendance noble islamique avant d'être un groupe religieux, n'ont par ailleurs prêté aucune allégeance au khomeynisme, et poursuivent un agenda propre, nationaliste autant qu'eschatologique, visant à reprendre les lieux saints de La Mecque et Médine aux Saoudiens, considérés comme usurpateurs. Toutefois l'alliance avec l'Iran est structurante dans leur fonctionnement, et leur a permis de monter en puissance. Les Houthis reçoivent, notamment par boutre *via* le Golfe et l'océan Indien, de nombreuses livraisons d'armements sophistiqués. Ils bénéficient aussi de formations dispensées par l'unité 3800 du Hezbollah libanais, établie pour venir en aide aux mouvements de Résistance à travers la région.

Depuis 2015, les Houthis ont ainsi acquis de solides capacités en matière de missiles balistiques et antinavires. C'est l'année où ils reçoivent leurs premiers missiles iraniens ; en 2019, ils ont appris à les monter eux-mêmes sur la base de pièces détachées et à les mettre à feu pour atteindre des cibles urbaines. En 2021, ils frappent des cibles stratégiques en Arabie saoudite et aux Émirats arabes unis (frappe de missile balistique en zone urbaine à Abu Dhabi en janvier 2022). En 2023, ils sont capables de lancer des missiles balistiques sur Eilat, ville israélienne située à plus de 1 000 km de distance, obligeant le Dôme de Fer israélien à activer ses missiles intercepteurs. Ils ont également les moyens de harceler tout navire de commerce lié à des intérêts israéliens en mer Rouge et dans le détroit de Bab-el-Mandeb, au nom du soutien à la cause palestinienne. Cette montée en puissance est rendue possible par le soutien iranien.

La coordination des mouvements par Téhéran

Dès la Révolution, la République islamique met en place des structures visant à coordonner ces mouvements. Les Gardiens de la Révolution mettent en place un conseil de supervision des mouvements de libération, qui regroupe au départ les réseaux shirazistes irakiens rivaux de la *marja'iyya* de Najaf, le Hezbollah libanais, les mouvements islamistes au Bahreïn et au Koweït, ainsi que les mouvements subversifs d'Arabie saoudite.

À la mort de Khomeiny, plusieurs de ces mouvements se détournent du magistère religieux de son successeur Khamenei, qui n'a ni le même charisme ni les mêmes références religieuses, mais restent liés à la République islamique pour des raisons politiques. L'éclatement de conflits militaires ouverts, notamment la guerre entre le Hezbollah et le Liban en 2006, la guerre contre Daech de 2014 à 2017, ainsi que la guerre civile syrienne, est l'occasion pour les Gardiens de raffermir leur rôle de coordination de ces mouvances. Ce rôle est dévolu en particulier à Qassem Soleimani, commandant de la force Qods des Gardiens – force d'élite chargée des opérations extérieures –, dont le charisme exceptionnel est un pilier de l'ascendant iranien sur ces mouvements. Son élimination par une frappe de drone américaine à Bagdad en 2020 a porté un coup à la cohésion du dispositif, sans toutefois remettre en cause sa puissance et son allégeance à la République islamique. Dans les mois précédant le 7 octobre 2023, les réunions d'état-major rassemblant les leaders des différents groupes se multiplient à Téhéran et surtout à Beyrouth, sous la présidence d'Esmail Qaani, successeur de Soleimani.

Pour aller plus loin

• Michael Eisenstadt, *Iran and the « Shadow War » with Israel*, Washington Institute, 2021.
• Fabian Hinz, *Iran's Precision Missile Campaign and Proxy Coordination*, IISS/CSIS, 2022.
• Ali Vaez et Dina Esfandiary, *The Fog of Peace in the Middle East*, Crisis Group, 2023.

CHAPITRE 23

« La République islamique n'est pas impliquée dans le 7-Octobre »

Après les attaques du 7 octobre 2023, de nombreux commentateurs ont feint de poser la question d'une implication iranienne pour s'empresser de souligner l'absence d'informations concluant à une telle implication, voire extrapolant ce constat pour en conclure qu'il fallait dédouaner l'Iran. De fait, les services de renseignements occidentaux s'accordent pour souligner qu'il n'y a pas eu de soutien opérationnel à ces attaques, c'est-à-dire que l'Iran et ses combattants n'ont pas pris part au pogrom. Toutefois, en conclure qu'il n'y a aucune implication de l'Iran est un défaut de raisonnement. L'absence d'intervention directe de forces iraniennes est précisément le marqueur de la stratégie iranienne face à « l'entité sioniste », qui s'appuie sur les acteurs de l'axe de la Résistance pour offrir à l'Iran un argument crédible pour dénier son implication.

Mais c'est bien l'Iran qui arme, finance et équipe les milices du Hamas et du Jihad islamique. C'est l'Iran qui a fondé, armé et équipé le Hezbollah. La République islamique fournit à tous les groupes de la Résistance des armes de plus en plus perfectionnées, y compris des missiles, *via* de nombreux réseaux logistiques et de contrebande, notamment le corridor reliant l'Iran au Liban et à la Palestine, *via* l'Iraq et la Syrie, les routes maritimes de l'océan Indien vers Gaza en passant par Suez, ou encore des filières soudanaises.

La République islamique a mis en place une coordination des actions de la Résistance contre l'entité sioniste autour d'Esmail Qaani, commandant de la force Qods des Gardiens qui a succédé à Qassem Soleimani. La fréquence de ces réunions de coordination s'est accrue durant les années 2022 et 2023, et l'une d'entre elles s'est tenue quelques jours avant le 7-Octobre. De même, le Guide suprême Ali Khamenei, à plusieurs reprises, a reçu tous les chefs des mouvements de Résistance, et en particulier les chefs des mouvements palestiniens, à une fréquence de plus en plus soutenue depuis la conclusion des accords d'Abraham qui normalisaient les relations entre Israël et une partie du monde arabe.

L'Iran s'est efforcé de faire advenir ce qui a été théorisé par Nasrallah comme une « convergence des fronts », c'est-à-dire la capacité à frapper l'entité sioniste depuis plusieurs points en même temps, à partir des positions des différents groupes encerclant Israël. C'est ce qui s'est passé en 2021, quand la résistance a tiré des roquettes sur Israël depuis Gaza et depuis le Liban simultanément, alors que les villes mixtes à l'intérieur même d'Israël, notamment Lod, connaissaient également des troubles. Cette convergence des fronts s'est matérialisée de manière ouverte après le 7-Octobre, le Hezbollah libanais ouvrant ce qu'il a nommé un « front de soutien » aux Palestiniens, dès le lendemain, 8 octobre 2023, pour frapper Israël de manière continue jusqu'à la guerre ouverte qui éclate en septembre 2024, tandis que, dans le même temps, les Houthis multipliaient de leur côté les arraisonnements de navires dans le détroit de Bab-el-Mandeb et les frappes de drones et de missiles vers le territoire israélien.

Surtout, l'axe de la Résistance tout entier procède de la République islamique et de l'idéologie khomeyniste, dont plusieurs groupes reconnaissent même la *velâyat-e-faqih*, donc le magistère politique et le rôle de commandement temporel, et donc militaire, du Guide suprême, qui est institutionnellement le chef des forces armées en attendant le retour du Mahdi.

En un mot, c'est la République islamique qui rend possible le 7-Octobre, et c'est la République islamique, et plus exactement le khomeynisme dont elle est porteuse, qui non seulement par l'atavisme de son esprit *hezbollahi*, mais aussi par ses efforts concrets de coordination des mouvements de Résistance, encourage la survenue de tels événements.

L'état d'esprit *hezbollahi* désigne littéralement le fait de se revendiquer du parti de Dieu. Cela fait référence explicitement à un concept coranique, présent en plusieurs endroits du texte sacré[1]. Il y est dit que les partisans de Dieu, ceux qui sont de son côté, les *hezbollahi*, seront récompensés, par opposition aux infidèles, dans le contexte de la guerre finale aboutissant au Jugement dernier.

Ce concept de parti de Dieu, articulé avec la prophétie coranique de revanche des *mostaz'afin*, est fondamental pour comprendre l'idéologie qui anime la Résistance islamique et tous les mouvements qui s'en réclament. Être du parti de Dieu, c'est faire partie des victorieux, notion rendue dans le Coran tantôt par *ghaliboun* (« ceux qui sont vainqueurs »), tantôt par *mouflihoun* (« ceux qui réussissent »). Être du parti de Dieu, c'est aussi faire partie de ceux qui ne reculent pas devant le martyre (« il les fera entrer dans les Jardins sous lesquels coulent les ruisseaux, où ils demeureront éternellement »). Enfin, ce concept légitime aussi le fait de se séparer de ses « pères, fils, frères, tribu », pour épouser une cause transcendante, celle de Dieu. En somme, le parti de Dieu, c'est le moteur de l'engagement militant de ceux qui veulent faire advenir la souveraineté de Dieu sur Terre, et c'est surtout le parti de ceux qui savent qu'ils sont dans le bien, puisqu'ils sont aux côtés de Dieu, et que leur victoire est annoncée

1. Ce concept de parti de Dieu (« *hezb[ou] Allah* ») se retrouve notamment dans les versets suivants : « Et quiconque prend pour alliés Dieu, Son Messager et les croyants sera victorieux, car c'est le parti de Dieu qui sera victorieux » (Coran 5 : 56) ; ou bien : « Tu n'en trouveras pas, parmi les gens qui croient en Dieu et au Jour dernier, qui prennent pour amis ceux qui s'opposent à Dieu et à Son Messager, fussent-ils leurs pères, leurs fils, leurs frères ou les gens de leur tribu. Il a prescrit la foi dans leurs cœurs et Il les a aidés de Son secours. Il les fera entrer dans les Jardins sous lesquels coulent les ruisseaux, où ils demeureront éternellement. Dieu les agrée et ils L'agréent. Ceux-là sont le parti de Dieu. Le parti de Dieu est celui de ceux qui sont victorieux » (Coran 58 : 22).

dans le Coran. Donc, ils ne reculeront pas même devant la mort pour faire triompher ce parti.

C'est Khomeiny, puis la République islamique d'Iran, qui met à l'honneur ce concept coranique et en fait le pivot de sa politique étrangère et de son influence sur les groupes de libération, qu'ils soient chiites, palestiniens ou autres. Être *hezbollahi*, à partir de la revivification du concept par les khomeynistes, c'est revendiquer la République islamique comme modèle, la Révolution islamique comme but, et le djihad comme méthode, qu'il s'agisse du djihad intérieur, dont découle la discipline qui fait la force et la cohésion de ces mouvements, ou du djihad extérieur, la guerre sainte visant à libérer la terre d'islam et à propager la religion vraie.

Il est significatif que le 7-Octobre coïncide avec un moment où les accords d'Abraham étaient en passe de s'élargir à l'Arabie saoudite, dont le prince héritier indiquait quelques jours plus tôt que chaque jour qui passait rapprochait les deux pays de la conclusion d'un tel accord et de la reconnaissance d'Israël par Ryad. Par le 7-Octobre, les mouvements de Résistance soutenus et coordonnés par l'Iran tentent de mettre un coup d'arrêt à ces rapprochements et à la normalisation de l'entité sioniste dans son environnement régional, en hissant à nouveau la question palestinienne en haut de l'agenda régional, voire international, et en revivifiant l'esprit *hezbollahi*.

Au fond, le 7-Octobre est le premier coup porté par la pointe de la lance de la Résistance directement au cœur du territoire de l'entité sioniste. Que ce coup ait été porté uniquement par des membres palestiniens de cette Résistance n'enlève en rien à la République islamique le rôle et la responsabilité de chef d'orchestre, d'argentier, de fournisseur d'armes et d'inspirateur de cette Résistance et de ses actions.

Pour aller plus loin

- Fabian Hinz, *Iran's Role in the October 7 Attacks*, CSIS, 2023.
- International Crisis Group, *Israel and Gaza : Preventing Regional Conflagration*, 2023.
- Behnam Ben Taleblu, *Tehran and Hamas*, FDD Briefs, 2023.
- On pourra enfin utilement se référer aux nombreuses enquêtes publiées dans le *Wall Street Journal*, dans le *New York Times* ou encore dans *Le Monde*, parus entre octobre et novembre 2023.

CHAPITRE 24

« L'Iran ne veut pas de guerre dans la région »

Les calculs stratégiques iraniens

Certains observateurs présentent cette question de manière tranchée, confondant conflit ouvert et guerre larvée. La question n'est pas de savoir si l'Iran cherche un conflit ouvert. L'Iran est à l'initiative d'entreprises de déstabilisation dans toute la région, en particulier visant les intérêts de l'État hébreu, et maintient la région dans un état de conflit latent, où les pertes humaines, y compris civiles, sont réelles. Cet état de conflit latent est ponctué de pics de violence, qui ont surgi notamment au Liban en 2006, plusieurs fois à Gaza depuis les années 2000, en mer Rouge avec l'implication et l'agressivité croissantes des Houthis.

La caractéristique commune à tous ces conflits est qu'ils ont impliqué les affidés iraniens de l'axe de la Résistance et qu'ils sont dans le même temps restés en dessous d'un certain seuil, permettant à l'Iran de ne pas s'impliquer directement. L'objectif et l'intérêt de l'Iran sont de poursuivre ces actions de déstabilisation, tout en maintenant son engagement en dessous du seuil qui risquerait de conduire à un conflit ouvert qui l'impliquerait directement. Cela étant, les actions de l'axe visant à afficher des victoires peuvent parfaitement mener à la guerre, qui peut être assumée dans son déclenchement comme dans son dénouement : celle de 2006 entre le Hezbollah et l'État hébreu a permis d'afficher une « victoire divine » contre le sionisme.

Ainsi, le calibrage des actions militaires de l'Iran et de la Résistance n'est aucunement incompatible avec des conflits ouverts limités aux zones d'influence des *proxies* et hors du territoire national iranien. Mais cela n'est pas non plus incompatible avec un conflit mettant en jeu un emploi de forces directement par l'Iran, mais d'une manière assez calibrée pour ne pas occasionner de représailles massives qui conduiraient à une escalade incontrôlée de la violence. Ainsi, depuis 2018, l'Iran a lui-même employé la force contre ses voisins à plusieurs reprises, visant des partis kurdes iraniens dissidents basés de l'autre côté de la frontière, mais également, dernièrement, des cibles qualifiées de « terroristes » au Pakistan. Il a enfin frappé directement Israël dans la nuit du 13 au 14 avril 2024. Le cas pakistanais est éclairant : les Iraniens semblent avoir méjugé la volonté de riposte des Pakistanais, qui ont répliqué massivement à leurs frappes aériennes. La violence de la riposte a pris de court Téhéran, qui a dépêché sans délai son chef de la diplomatie pour apaiser les tensions.

Enfin, ce calibrage n'implique pas non plus que l'Iran ne jugera systématiquement qu'il n'est pas dans son intérêt de risquer de précipiter un conflit ouvert en s'impliquant directement. L'apport d'une dissuasion américaine fin 2023 et courant 2024 *via* l'envoi en Méditerranée orientale d'un groupement aéronaval autour d'un puis de deux porte-avions est une donnée qui a pesé dans les calculs iraniens et qui explique certainement pour une part une certaine retenue de la part de Téhéran depuis le 7-Octobre. Mais l'Iran peut parfaitement faire le calcul que l'emploi de la force est dans son intérêt, y compris face aux Américains. Après l'élimination de Qassem Soleimani, les Iraniens ont frappé directement, par salves de missiles balistiques, des bases américaines en Iraq, action inédite qui a occasionné quelques dommages, plusieurs soldats américains ayant subi des contusions cérébrales.

Toutes ces actions comportent des risques et peuvent dégénérer.

La République islamique face à la perspective d'une guerre ouverte avec l'entité sioniste

Dire que l'Iran ne souhaite pas de conflit direct avec Israël ou avec l'Amérique, ou même dans la région, c'est poser le problème en des termes qui manquent l'essentiel. La République islamique se donne pour objectif la disparition de l'entité sioniste. Cet objectif a été posé dès le début de la Révolution, il est consubstantiel au régime, il a été réaffirmé avec constance depuis, et de plus en plus violemment depuis que l'Iran a entrepris un programme nucléaire. L'Iran a construit un axe de la Résistance qui encercle Israël, et mène des actions offensives harcelant ce pays.

Le temps joue pour l'Iran : plus le temps passe, plus l'axe de la Résistance se renforce et enserre Israël. L'Iran renforce sa capacité à mener à bien son objectif tout en sanctuarisant son propre territoire. Calibrer les attaques pour éviter de déclencher une guerre, c'est se protéger tout en se ménageant la possibilité de continuer à harceler Israël et d'afficher sa détermination.

Or, les attaques contre Israël dessinent une trajectoire nettement ascendante, en termes de vecteurs utilisés, de puissance et d'implication des acteurs, trajectoire qui culmine avec l'attaque massive du 7-Octobre et ses suites, y compris une attaque, inédite et massive, de l'Iran frappant directement Israël en avril 2024. Il n'y a aucune raison de croire que l'Iran ne continuera pas à poursuivre cet objectif structurant de sa politique étrangère. En visant la libération de la Palestine, la République islamique souhaite imposer son magistère moral pour tout le monde musulman et au-delà, pour tous les opprimés.

Toutefois, conscient de la supériorité militaire écrasante d'Israël, l'Iran doit éviter, pour atteindre son objectif de libérer la Palestine, que ne soit déclenchée une guerre qui aboutirait à sa propre destruction ou qui entraînerait une rupture dans la trajectoire actuelle vers une arme nucléaire.

Pour aller plus loin

- Colin Clarke, *Iran's Gray Zone Strategy*, RAND, 2021.
- Bilal Saab, *Iranian Deterrence and Escalation Management*, MEI, 2023.
- Karim Sadjadpour, *Iran's Unwavering Strategy in the Middle East*, Carnegie Endowment for International Peace, 2020.

CHAPITRE 25

« L'Iran est un État comme les autres, qui doit avoir les mêmes droits que les autres puissances dans la région, et notamment celui d'affirmer une hégémonie qui correspond à son poids politique et à son rôle historique »

La continuité juridique entre le régime du Shah et celui de la République islamique

L'Iran est un pays comme les autres et les gouvernements ne sont pas sujets du droit international, qui s'applique uniquement aux États. Ainsi, la Révolution n'occasionne en droit aucune rupture dans la continuité de l'État. Cette continuité entre le régime du Shah et celui de la République islamique vaut s'agissant des droits dont jouit le régime sur la scène internationale, mais aussi des engagements qu'il a souscrits. Cela étant, la République islamique ne s'est jamais comportée comme les autres et présente un historique de pratiques contraires aux normes et aux usages les plus élémentaires des relations entre États, et contraires à ses propres engagements, y compris les plus fondamentaux, comme les obligations découlant de la convention de Vienne régissant les relations entre États.

Les violations du droit international au fondement de l'identité de la République islamique

L'Iran sous le régime de la République islamique présente un historique inégalé de violations des principes fondamentaux du droit international. De manière générale, la revendication par le régime iranien d'une hégémonie régionale s'exprime par l'exercice de la force et par la subversion. Ainsi, concomitamment à l'apparente patience iranienne sur le nucléaire après le retrait américain du JCPOA, durant toute l'année 2019, les Gardiens de la Révolution ont fait monter la pression dans la région en multipliant les actes hostiles. En septembre 2019, des groupes affidés ont lancé la plus vaste attaque contre le complexe pétrolier saoudien, et toute l'année, la marine des Gardiens a multiplié les comportements dangereux dans le golfe Persique et le détroit d'Ormuz, y compris des arraisonnements de navires, contraires au droit international de la mer et violant les principes de liberté de navigation.

Les Iraniens affichent aussi une tradition de saccage des ambassades étrangères, en violation du droit et au mépris d'usages internationaux très normés. La violation la plus flagrante est l'invasion de l'ambassade américaine à Téhéran en novembre 1979 et la prise en otage du personnel diplomatique et consulaire qui s'est ensuivie, jusqu'à leur libération en janvier 1981, après plus de quatre cents jours de captivité. Certains observateurs ont pu dire que les étudiants qui ont pris d'assaut l'ambassade ont agi de manière isolée, sans que le régime ne soutienne cette action, ni ne la reprenne à son compte. Mais dire que l'Iran n'est pas responsable de cette violation du droit international est fallacieux à deux titres.

D'abord, juridiquement, l'Iran avait l'obligation d'empêcher un tel événement, conformément aux dispositions des conventions de Vienne relatives aux relations diplomatiques entre États. En franchissant l'emprise de l'ambassade, les révolutionnaires ont dans les faits violé l'espace territorial américain, et c'est cela qui constitue une atteinte au droit international le plus fondamental des relations entre États. Dès lors, le gouvernement iranien avait l'obligation de faire cesser cette invasion, et n'avoir pris aucune mesure en ce sens constitue une violation supplémentaire du droit international. Cette violation est d'autant plus flagrante que l'invasion de l'ambassade américaine n'était pas sans précédent : des étudiants s'étaient introduits une première fois dans l'enceinte du bâtiment, quelques mois auparavant, sans que cela n'ait entraîné de réaction du gouvernement iranien autre que des protestations de pure forme du Premier ministre Bazargan.

Par ailleurs, Khomeiny lui-même, soucieux de ne pas paraître moins intransigeant que le peuple révolutionnaire, a fini par s'associer publiquement à la prise d'otages effectuée par des étudiants se revendiquant de la « ligne de l'imam » (*khatt-e-emâm*). Cette revendication de la ligne de l'imam est un motif récurrent qui unit tous les mouvements islamistes khomeynistes dans la région, encore aujourd'hui. Revendiquer la « ligne de l'imam », c'est revendiquer ce qui est au fondement historique de la Résistance qui s'organise alors en réseau. C'est une revendication de la pureté idéologique de l'action entreprise, face notamment à ceux qui prônent à cette époque une modération de l'élan révolutionnaire. Khomeiny n'a pas calmé les ardeurs des preneurs d'otages, alors qu'il s'est pourtant employé à se désolidariser de ses rivaux shirazistes en Iraq par exemple.

Cette prise d'otages, événement spectaculaire et structurant le récit révolutionnaire, n'est pas un coup d'éclat isolé. L'invasion et le saccage d'ambassades sont devenus un véritable instrument de politique étrangère. Ainsi, l'ambassade britannique à Téhéran a été saccagée en 2009 durant le Mouvement vert. L'ambassade saoudienne à Téhéran a été saccagée en 2011. Les milices islamistes du *Hachd ach-cha'bi* en Iraq ont envahi l'ambassade américaine en décembre 2019.

Outre les invasions, il est fréquent que les ambassades soient la cible de manifestations qui les encerclent, afin de faire monter la pression sur l'État concerné. Or, les individus qui manifestent devant les ambassades ne sont pas des individus isolés. Ils sont pour beaucoup stipendiés par le régime iranien, qui organise leur rassemblement et affrète des bus à leur intention. Des mollahs sont préposés par le pouvoir pour haranguer les foules, et quelques rues plus loin, fanions, drapeaux, thé et biscuits sont distribués. Le régime contrôle parfaitement ces « débordements », dont l'intensité est fixée à l'avance, en fonction du message que les autorités souhaitent envoyer.

Le terrorisme d'État

La République islamique mène par ailleurs une politique de terrorisme d'État contre ses opposants, tant à l'intérieur qu'à l'extérieur.

La République islamique a commandité de nombreux assassinats d'opposants à l'étranger, y compris en Occident et dans des pays européens, assassinats perpétrés par les sicaires du régime eux-mêmes, par ceux des mouvements affidés de la Résistance, ou par des contractants.

Cette politique est inaugurée dès les premières heures du régime, et constitue le pendant extérieur de la traque des opposants anti-révolutionnaires. Ainsi, Shapour Bakhtiar, dernier Premier ministre du Shah, a été assassiné à Suresnes, en 1991. En 1998, les Iraniens commanditent l'assassinat du secrétaire général du Parti démocratique du Kurdistan d'Iran (PDKI), mouvement kurde iranien d'opposition, tué avec ses collaborateurs dans l'explosion du restaurant Mykonos de Berlin.

Cette politique est aussi mise en œuvre pour exercer des pressions sur les pays étrangers et les contraindre à des concessions. En 1983, le Hezbollah libanais et le régime iranien fomentent plusieurs attentats visant la présence française et américaine au Liban afin de les contraindre à quitter le pays, assassinant plusieurs centaines de militaires lors de l'explosion de l'ambassade américaine à Beyrouth, puis de l'immeuble Drakkar abritant le premier régiment parachutiste français. Par la suite, en 1985-1986, la France essuie sur son sol une dizaine d'attentats à la bombe perpétrés par un réseau franco-tunisien à la solde du Hezbollah libanais et du régime iranien, en représailles à sa politique de soutien à l'Iraq de Saddam Hussein et afin de forcer l'État à régler un contentieux relatif à un contrat de livraison d'uranium enrichi conclu sous le régime du Shah.

Enfin, les Iraniens mènent une politique de terreur visant les Juifs et les ressortissants d'Israël dans le monde. En 1992 et 1994, le Hezbollah frappe une synagogue puis l'association mutualiste israélite argentine, faisant des dizaines de morts et plusieurs centaines de blessés. L'enquête argentine, après de nombreux soubresauts et entraves durant deux décennies, et avec la mort suspecte d'un procureur, aboutit en 2023 à l'inculpation de l'État iranien à son plus haut niveau.

Recrudescence des pratiques iraniennes subversives et contraires au droit international

Ces pratiques n'ont pas diminué, et l'Iran ne s'est pas normalisé. Au contraire, on observe une nouvelle recrudescence des pratiques terroristes iraniennes sur le sol de pays étrangers depuis les années 2010, y compris durant la détente de la crise nucléaire due à la conclusion du JCPOA. Les attentats visant le sol européen ont même augmenté depuis lors.

Premier attentat sur le sol européen depuis vingt ans, en 2012, un bus de touristes explose en Bulgarie, tuant plusieurs ressortissants israéliens. Quelques semaines après l'attentat perpétré à Ahvaz en

2018, en pleine parade militaire, le chef du Mouvement de libération d'Ahvaz (ASMLA) – mouvement prônant une autodétermination pour la minorité arabe du Khuzestân voisin de l'Iraq –, réfugié au Danemark, est la cible d'une tentative d'assassinat déjouée par les autorités danoises. En France, un attentat planifié par le régime iranien a été déjoué à l'été 2018 : il visait un rassemblement des Moudjahidines du peuple à Villepinte, en banlieue parisienne. Plusieurs opposants iraniens vivent sous protection policière à l'étranger en raison des menaces pesant sur leur vie. C'est le cas de Mahsi Alinejad, icône du mouvement féministe iranien, qui avait lancé en 2014 la campagne *My Stealthy Freedom* encourageant les femmes iraniennes à apparaître dévoilées sur les réseaux sociaux. Elle s'est également engagée en faveur du mouvement Femme, Vie, Liberté et vit sous protection policière aux États-Unis. C'est le cas aussi des membres et des bureaux de certains médias persanophones basés à l'étranger, comme Iran International, à Londres, qui jouit d'une large audience parmi les Iraniens exilés et opposants depuis l'étranger.

Enfin, en parallèle à ces attentats, la République islamique a développé une politique de prise d'otages de ressortissants de pays étrangers, notamment européens, qualifiée par les États européens de « politique d'otages d'État[1] ». Plus de la moitié des pays de l'Union européenne avaient ainsi au moins un otage dans les prisons iraniennes en 2020[2]. Le pouvoir judiciaire iranien, placé sous les ordres

1. Iran International, « European Parliament Calls to End Iran's "Hostage Diplomacy" ». En janvier 2025, le Parlement européen a adopté une résolution condamnant la détention de citoyens de l'Union européenne par l'Iran, qualifiant cette pratique de « diplomatie des otages ».
Human Rights Watch, « Iran : Targeting of Dual Citizens, Foreigners » : ce rapport souligne que l'Iran détient arbitrairement des ressortissants étrangers et binationaux, souvent sans accès à une représentation légale adéquate, dans le but d'exercer une pression politique.
2. Euronews, « European Hostages in Iran Used As Political "Bargaining Chips" » : cet article de mai 2023 rapportait qu'environ quinze citoyens européens étaient détenus en Iran, utilisés comme leviers diplomatiques, exacerbant les tensions entre l'Iran et l'UE.
« Hostage Taking : Does the EU Need a Common Strategy for Rescuing European Citizens ? », *The Brussels Times*. En juillet 2024, cet article indiquait qu'au 30 juin 2024, environ cinquante et un citoyens de l'UE étaient détenus ou pris en otage à l'étranger, dont une majorité en Iran, soulignant la nécessité d'une stratégie européenne unifiée.

du Guide suprême, a incarcéré pour des motifs fallacieux d'abord des binationaux détenant à la fois une nationalité européenne et une nationalité iranienne, afin de pouvoir se retrancher derrière la non-reconnaissance de la binationalité pour dénier tout droit de visite ou d'exercice de la protection consulaire aux pays dont la personne en question était aussi un ressortissant[1].

De fait, on constate que les prisonniers qui ont fini par être libérés l'ont été concomitamment à un gain pour la République islamique : certains commentateurs notent qu'Oliver Vandecasteele, otage belge, a été libéré alors qu'Assadollah Assadi, cerveau de l'attentat déjoué de Villepinte, détenu en Belgique, était relâché et regagnait l'Iran[2] ; certains détenus américains ont été relâchés au moment où les fonds iraniens gelés dans les livres de plusieurs banques coréennes étaient dégelés avec le blanc-seing du Trésor américain[3] ; Nazanin Zaghari-Ratcliffe, ressortissante britannique, a été relâchée alors que le Royaume-Uni soldait un contentieux commercial qui l'opposait aux Iraniens depuis l'époque du Shah[4] ; enfin un diplomate européen de nationalité suédoise était relâché début 2024 en même temps que Hamid Nouri regagnait l'Iran[5]. Ce dernier était un procureur irano-suédois qui avait supervisé l'élimination en 1988 des opposants détenus en prison et qui vivait depuis en Suède, où il avait été jugé

---

1. House of Commons Library, « Dual Nationals Imprisoned in Iran » : ce briefing explique que l'Iran ne reconnaît pas la double nationalité, refusant ainsi l'accès consulaire aux détenus binationaux.
Iran Human Rights, *Foreign and Dual Nationals Executed in 2023* : ce rapport souligne que l'Iran utilise les détenus binationaux comme monnaie d'échange dans les négociations politiques et économiques avec l'Occident.
2. « Libération et retour de trois Européens détenus en Iran », *Le Monde*, 3 juin 2023 ; « Libération de détenus en Iran : les trois ressortissants européens accueillis en Belgique », France 24, 3 juin 2023.
3. House of Commons Library, « Dual Nationals Imprisoned in Iran » : ce document indique qu'en 2023, les États-Unis ont débloqué environ 6 milliards de dollars d'actifs iraniens gelés en Corée du Sud, facilitant la libération de plusieurs Américains détenus en Iran.
4. House of Commons Library, « Dual Nationals Imprisoned in Iran » : indique que la libération de Zaghari-Ratcliffe en mars 2022 a coïncidé avec le règlement de la dette de 400 millions de livres sterling par le Royaume-Uni à l'Iran.
5. France 24, 17 juin 2024 : un échange de prisonniers entre l'Iran et la Suède suscite la polémique ; *Le Monde*, 16 juin 2024 : la Suède libère un ancien procureur iranien en échange de deux de ses ressortissants emprisonnés en Iran.

coupable de crimes de guerre, en vertu de la compétence universelle que se reconnaît la Suède.

L'ensemble de ces pratiques donne à voir un État qui ne se comporte pas comme les autres et, à tout le moins, a fait de la violation des normes fondamentales du droit international et de la vie entre les États une marque distinctive et un mode d'action pour parvenir à ses fins.

Pour aller plus loin

- Michael Axworthy, *Revolutionary Iran*, Oxford University Press, 2013.
- Suzanne Maloney, *The Iranian Political Economy since the Revolution*, Cambridge University Press, 2015.
- UN Reports on Iran (résolutions 1747, 1929, 2231).

CHAPITRE 26

« L'Iran et l'Arabie saoudite se sont réconciliés, preuve que l'Iran n'est pas une menace »

Depuis les premières années de la Révolution, l'Iran cible l'Arabie saoudite dans sa rhétorique révolutionnaire, en tant que régime impie. Le khomeynisme considère que le wahhabisme est une hérésie ayant dévoyé l'islam, et qu'à ce titre, le régime saoudien est un régime usurpateur occupant les lieux saints de l'islam, qui doivent être libérés. Ce discours a été renforcé après le 11-Septembre : en effet, à la suite de cet événement, le royaume saoudien a mis son territoire à la disposition des soldats américains pour faciliter la campagne contre les talibans en Afghanistan.

L'Iran représente une menace de subversion de la communauté chiite résidant en Arabie saoudite, concentrée dans les régions orientales du royaume, qui sont aussi les régions pétrolifères. Ces communautés ont été la cible d'opérations de subversion durant les premières années de la République islamique, avec plusieurs attentats revendiqués par des groupuscules islamistes khomeynistes.

Mais l'Iran est surtout une menace en raison de son programme nucléaire. L'échec du JCPOA change la donne pour les Saoudiens qui cherchent à se rapprocher des Israéliens, afin de bénéficier de la technologie israélienne face à la menace iranienne, en termes de renseignement et de matériel de défense, notamment antiaérienne. L'Arabie saoudite a également déclaré à plusieurs reprises que la maîtrise par l'Iran de l'arme nucléaire amènerait Ryad à se doter de sa propre arme nucléaire.

C'est dans ce contexte de défiance que l'Iran et l'Arabie ont signé en mars 2023, sous l'égide de la Chine, un accord visant à rétablir des relations entre les deux États. Le contenu de cet accord est limité. Il est surtout conçu pour simplifier les relations consulaires, avec des liaisons aériennes entre les villes de Machhad et de Djeddah, et pour faciliter le pèlerinage à La Mecque des musulmans chiites iraniens.

Alors que l'Iran accède au seuil nucléaire, ce pays ne peut que continuer à constituer une menace potentielle pour l'Arabie. Ainsi, cet accord est à apprécier non pas en soi, mais comme un élément dans un ensemble de reconfigurations dont l'Arabie de Mohammad bin Salman est l'instigatrice. Ces reconfigurations prennent leur racine dans le constat d'échec du JCPOA et d'une arrivée de l'Iran au seuil nucléaire. Bin Salman a ainsi mené deux changements majeurs. D'abord, il a mis un terme provisoire mais net aux hostilités au Yémen entre le camp prosaoudien et les Houthis soutenus par l'Iran. Surtout, il a mené au forceps la réintégration de la Syrie de Bachar al Assad dans son environnement arabe, actée en février 2023, malgré le scepticisme de plusieurs membres de la Ligue des États arabes, à commencer par le Qatar. Le but du prince héritier, après avoir soutenu militairement la rébellion contre le régime Assad, était de prendre acte de l'échec du camp révolutionnaire, et de l'influence grandissante de l'Iran en Syrie afin de limiter celle-ci.

L'idée sous-jacente de ces inflexions saoudiennes était de sortir les acteurs locaux pro-iraniens de l'orbite de l'Iran. Mohammad bin Salman faisait le pari que les Houthis voudraient gouverner le Yémen et seraient prêts pour cela à mettre en pause leur relation avec la République islamique, et à ne plus dépendre d'un régime auquel les préoccupations liées à la gestion du Yémen paraissent très lointaines. En Syrie, le prince héritier faisait le pari que Bachar al Assad souhaiterait mettre un terme aux appétits de la République islamique pour les infrastructures les plus stratégiques de son pays et à la déstabilisation qui en résultait, notamment le trafic de drogue tenu par les barons pro-iraniens et le Hezbollah libanais.

Toutefois, le fondement de cette stratégie consistant à sortir les *proxies* de l'orbite de la République islamique montre la reconnaissance de la puissance et de la capacité de nuisance de la République islamique. Davantage que d'un rapprochement, il s'agit d'acter la réalité du rapport de force afin de se donner une chance de le modifier.

Ainsi, l'inflexion des Saoudiens ne contredit en rien la volonté de Ryad de se rapprocher d'Israël pour contrer l'Iran. L'implication de l'Arabie saoudite dans la coordination internationale qui a intercepté les missiles et drones iraniens qui ont visé Israël dans la nuit du 13 au 14 avril démontre que l'Arabie a choisi entre sa coopération avec Israël et un hypothétique réchauffement avec un Iran qui n'a jamais dévié de sa trajectoire nucléaire et de son hostilité à la famille Saoud.

Pour aller plus loin

• Dina Esfandiary et Ariane Tabatabai, *Triple Axis*, I.B. Tauris, 2018.
• International Crisis Group, *The Iran-Saudi Deal and What Comes Next*, 2023.
• Bilal Saab, *The Limits of Iran-Saudi Rapprochement*, MEI, 2023.
• Karim Sadjadpour, *Iran's Strategic Patience with Riyadh*, Carnegie Endowment for International Peace, 2023.

CHAPITRE 27

« L'Iran professe un islamisme chiite irréductible avec le sunnisme ; le chiisme de l'Iran est plus tolérant que le sunnisme »

Le khomeynisme est un islamisme eschatologique

Si le khomeynisme naît en Iran et en contexte chiite, c'est un islamisme qui puise dans les mêmes sources que l'islamisme tel qu'il s'est développé dans le monde sunnite au cours des années 1960 et 1970, avec en premier lieu les thèses extrémistes de Sayyid Qutb, dont Khomeiny était un grand lecteur, et que son successeur Khamenei a traduites en persan.

Le fondement de l'islamisme des Frères tel que prôné par Sayyid Qutb est la nécessité de prendre le pouvoir, au besoin par la violence, pour assurer le règne politique des prescriptions divines. Si les Frères déclarent que le Coran est leur Constitution, Khomeiny ajoute que toute souveraineté réside exclusivement en Dieu. Si les Frères faisaient du peuple un agent de l'Histoire, qui devait intervenir pour instaurer en son sein les prescriptions divines, Khomeiny, quant à lui, fait du peuple un agent de l'eschatologie, qui hâte non pas le cours de l'Histoire, mais le cours du retour vers Dieu : le peuple met à bas le régime impie, mais ce qu'il institue à sa place n'émane en rien de sa souveraineté, qui n'existe pas.

Le khomeynisme, c'est la réussite des thèses islamistes des Frères musulmans dans un contexte chiite rendu porteur par l'oppression sociale vécue par une population laissée pour compte, et sous le joug d'un Shah qui était devenu trop ostensiblement pro-occidental. L'islamisme en milieu chiite, se mêlant à l'attente du Mahdi inaugurant un règne de justice et d'équité, ouvre la voie à un régime théocratique, qui ne se réduit pas à l'islam politique au pouvoir.

Toutefois l'aspect fondamental du khomeynisme en tant qu'islamisme est dû moins à l'environnement chiite dans lequel il s'est développé qu'à sa substance antioccidentale. Le chiisme s'est trouvé être le terreau le plus fertile au développement de cet islamisme des déshérités, à deux niveaux. Sur le plan théologique, l'attente eschatologique de l'imam caché ouvrait la voie à la théorie de la *velâyat-e-faqih*, et donc à la prise de pouvoir en son nom afin de fonder un régime tourné vers l'avenir, et non pas une résurrection du calife du passé ou un retour à l'islam des pieux anciens comme le prône le salafisme*. Sur le plan sociétal, le chiisme est une religion des déshérités, et l'islamisme qui s'est épanoui dans le monde chiite a développé une résonance intime avec la notion d'opprimés, de déshérités, qui résonnait de plus avec la lutte des opprimés contre l'impérialisme américain en période de guerre froide.

Le chiisme politique tel que prôné par Khomeiny est un islamisme de revanche en contexte de guerre froide. Il porte en lui une fin de l'Histoire, car il est avant tout une eschatologie dont découle un ordre politique, avant d'être un ordre politique institué qui s'occuperait d'eschatologie.

Le khomeynisme est un universalisme

Dès le départ, le gouvernement iranien ne prétend pas représenter les chiites. Il naît en contexte chiite car ce contexte était le plus propice à l'explosion de la révolte des opprimés, et il naît en pays iranien car ce pays était tenu par un Shah, parangon du *tâghût** (tyran impie) qui a fédéré les oppositions contre son régime, mais aussi contre sa personne et le faste qui y était attaché. Mais la République islamique, dès le départ, prétend représenter tous les musulmans. Le régime s'en donne les moyens en s'efforçant de regrouper les musulmans face à ce qu'il érige en menace commune : Israël et le sionisme, présentés comme une anomalie coloniale dans la région et comme le fer de lance de l'impérialisme occidental et du colonialisme en terre d'islam, alors même que l'Égypte de Sadate vient de signer la paix avec Israël.

C'est pourquoi l'Iran soutient sans aucune réserve les mouvements « antisionistes », qu'ils soient chiites comme le Hezbollah ou sunnites comme le Hamas : il ne les soutient pas en ce qu'ils seraient chiites, il les soutient en ce qu'ils sont musulmans et déshérités, donc des fers de lance contre Israël dans la lutte pour la libération de la Palestine.

En milieu sunnite, la radicalisation de la pensée des Frères musulmans a ouvert la voie à l'ultraviolence du djihadisme, qui vise à accélérer la concrétisation de l'islam politique. En contexte chiite, au contraire, une tradition de quiétisme est fortement ancrée historiquement. Cette tradition quiétiste trouve des fondements théologiques : l'attente du Mahdi occulté aboutit à un quiétisme, car en l'absence d'un imam infaillible, la communauté des croyants ne dispose pas du guide qui sait la mener et répondre à ses questions, et personne ne peut usurper la place de l'imam, qui est occulté, mais n'est pas mort. La justice sociale et l'équité seront rétablies au retour du Mahdi. On peut prier Dieu de hâter son retour, mais il est proscrit d'usurper son rôle.

C'est ce chiisme quiétiste qui est enseigné dans les écoles les plus prestigieuses du monde chiite, à Najaf et à Karbala. Khomeiny lui-même a étudié sous l'égide de l'ayatollah Boroudjerdi, grand représentant de cette école quiétiste. C'est précisément à cette tradition quiétiste que le khomeynisme tourne le dos, ouvrant à son tour la voie à l'ultraviolence en contexte chiite, au nom de tous les musulmans. Ainsi, le chiisme politique a développé depuis la Révolution islamique le terrorisme comme mode opératoire pour servir ses intérêts et la lutte au nom des déshérités.

Pour aller plus loin

- Mohammad Ali Amir-Moezzi, *Le Guide divin dans le shî'isme originel*, Verdier, 1992.
- Nader Hashemi et Danny Postel, *Sectarianization*, Hurst/Oxford, 2017.
- Sabrina Mervin, *Les Mondes chiites et l'Iran*, Karthala, 2007.

CHAPITRE 28

« L'Iran a un programme de missiles conçu uniquement pour sa dissuasion, qui ne fait que compenser sa faiblesse stratégique »

L'arsenal de missiles iraniens

La République islamique a développé au fil des années un arsenal de missiles qui est de loin le plus développé et le plus diversifié du Moyen-Orient[1]. Il comprend des missiles balistiques, des missiles de croisière, ainsi que des missiles antinavires. L'Iran revendique l'existence d'une dizaine de missiles différents, qui couvrent tous les usages possibles, affichant des portées et des capacités d'emport permettant un usage diversifié. Leur portée va de 300 km pour les plus petits, comme le Fateh 310, à 2 000 km pour le Khorramchahr.

Téhéran dispose de missiles balistiques capables d'atteindre des cibles situées à 1 500-2 000 km, ce qui inclut Israël et certaines capitales européennes – Bucarest, par exemple, est située à environ 1 850 km de l'ouest de l'Iran. Le Pentagone et l'OTAN intègrent d'ailleurs ces menaces dans leur doctrine de défense antimissile[2].

Les premiers missiles iraniens sont le fruit d'une collaboration avec d'autres pays proliférateurs, notamment la Russie et la Corée du Nord,

---

1. International Institute for Strategic Studies (IISS), « Iran's Missile Inventory », 2023.
2. NATO Missile Defence Factsheet, 2023 ; US DoD Missile Defense Review, 2022.

ainsi que la Chine. Il s'agit de copies des Scud soviétiques, puis de missiles nord-coréens[1]. La République islamique a investi dans la formation d'ingénieurs et le développement de filières de conception et de fabrication autonomes, liées aux Gardiens de la Révolution, qui ont d'abord travaillé sur la base de plans volés ou remis par ces pays proliférateurs. Puis, elle a investi massivement dans la montée en gamme technologique de ses missiles et la structuration d'une filière propre de mise au point et de production. Aujourd'hui, les Iraniens disposent de systèmes de visée stellaire et de guidage GPS. On rapporte même que Téhéran a développé des systèmes de MiRVage (*multiple re-entry vehicle*), technologie qui permet de modifier la trajectoire de la course du missile après sa phase de rentrée atmosphérique, augmentant de manière significative sa maniabilité et sa précision, et donc sa létalité[2]. Le déploiement de ces technologies fait que l'arsenal iranien est aujourd'hui composé des missiles les plus puissants les plus diversifiés, les plus létaux, les plus manœuvrables de la région.

La République islamique a fait de son programme de missiles balistiques un objet de fierté et un élément structurant de sa propagande, aucun pays de la région, sauf Israël, ne souffrant la comparaison avec l'Iran dans ce domaine. Ses missiles sont exposés grandeur nature à Téhéran, dans le parc attenant au musée de la Défense sacrée, musée consacré à la guerre Iran-Iraq.

L'emploi en situation réelle

Les autorités iraniennes ont longtemps souligné que la montée en puissance de l'arsenal iranien était liée à la nécessité de défendre le territoire national, notamment en l'absence d'aviation militaire,

1. « Iran, North Korea Deepen Missile Cooperation », Arms Control Association, janvier 2007, armscontrol.org.
2. Voir par exemple : « Iran Unleashes Qassem Baseer : Precision Ballistic Missile Claimed to Defy THAAD, Strike Anywhere in Middle East », Defence Security Asia, mai 2025, defencesecurityasia.com. Ou bien, sur la technologie de rentrée atmosphérique manœuvrable : « Iran's Ballistic Missile Inventory », Atlantic Council, février 2019, atlanticcouncil.org.

en raison des sanctions américaines, qui empêchent la fourniture des pièces détachées nécessaires au maintien en conditions opérationnelles de la vieille flotte de l'armée du Shah et en l'absence de pilotes formés.

Or, la doctrine d'emploi des missiles a drastiquement changé ces dernières années, pour devenir aujourd'hui résolument offensive. Ce changement de doctrine, bien que non formulé explicitement, est évident à plusieurs niveaux. D'abord, après la multiplication de phases de lancement et de vols tests, les Iraniens ont franchi en 2018 le cap de l'utilisation des missiles en conditions réelles. De premiers tirs sont revendiqués par les Gardiens de la Révolution en situation réelle contre des cibles situées en territoire irakien. Une salve de missiles balistiques frappe les campements du PDKI, groupe d'opposition kurde iranien, de l'autre côté de la frontière. Lors de cette opération, la mise à feu de plusieurs missiles échoue, et plusieurs d'entre eux retombent en territoire iranien. Toutefois, depuis ce premier cas d'emploi, les Iraniens ont multiplié les utilisations en situation réelle, qui permettent précisément d'améliorer les procédures et les techniques de mise à feu et d'emploi, et de mettre en pratique la coordination requise sur le terrain, y compris en termes de renseignement. Autrement dit, utiliser les missiles en situation réelle, même en cas d'échec, emporte toujours des progrès indispensables pour compléter les phases de test et renforcer l'employabilité des missiles et donc la crédibilité de la posture stratégique adoptée.

Après plusieurs tirs sporadiques, les Iraniens ont fini par banaliser les cas d'emploi. En représailles à l'élimination par les Américains de Qassem Soleimani en janvier 2020, les Iraniens lancent de nombreux missiles balistiques contre des bases militaires américaines en Iraq. Ces nouvelles frappes marquent encore un progrès dans la coordination opérationnelle, avec un tir en salves conçu pour saturer les défenses ennemies.

Enfin, nouveau palier franchi, les Iraniens visent directement le territoire israélien dans la nuit du 13 au 14 avril 2024, par le tir de plusieurs salves de missiles balistiques et de croisière, couplé à l'utilisation de drones explosifs. Du point de vue strictement opérationnel, l'opération est un succès en ce que l'ensemble des missiles a bien été convoyé jusqu'aux cibles, sur plus de 1 000 km de distance. Même si tous les missiles ont été interceptés, aucun autre pays de la région, sauf Israël, n'est capable de déployer un tel arsenal en conditions réelles.

Ainsi, les Iraniens ont augmenté depuis 2018 l'employabilité de leurs missiles, dans toutes les dimensions possibles : emploi des missiles, emploi en salves, emploi sur des cibles éloignées, emploi coordonné avec des vols et frappes de drones.

L'interdiction onusienne

Le développement et l'emploi de ces missiles contreviennent aux résolutions du Conseil de sécurité, et notamment à la résolution 2231 qui endossait le JCPOA et qui continue à produire ses effets même si l'accord nucléaire qui y est contenu n'est plus appliqué dans les faits. Cette résolution appelle l'Iran à ne pas mener d'activités balistiques ou liées aux missiles qui sont conçus pour être capables d'emporter des charges nucléaires. Or, cette catégorie couvre l'essentiel de l'arsenal iranien de missiles balistiques. En effet, dans la conception traditionnellement retenue par les puissances qui possèdent des arsenaux de missiles balistiques, tous les missiles capables d'emporter une charge utile de 500 kg sur une portée de 300 km sont des missiles nucléarisables, et donc conçus pour pouvoir emporter une charge nucléaire.

Plus largement, le développement de cet arsenal est aussi à apprécier dans le contexte du développement par l'Iran d'un programme nucléaire et des soupçons liés à ses possibles visées militaires. Ce programme de missiles, qui n'a fait que s'accélérer – y compris et surtout durant la période de négociation et d'application de l'accord nucléaire –, a conduit à des progrès majeurs dans la vectorisation, troisième étape vers l'arme nucléaire (cf. *supra*). Couplés aux soupçons liés à l'enrichissement et aux activités de militarisation entrepris par l'Iran sans aucune justification civile, ces progrès nourrissent les soupçons quant à la volonté de l'Iran d'avancer vers l'acquisition d'une arme nucléaire qui soit employable dans un missile balistique.

La prolifération de missiles dans la région au profit de groupes non étatiques

Le développement de cet arsenal se double d'une politique de prolifération dans toute la région de missiles et de composants de missiles, pratique interdite, menée au profit de groupes affidés de la République islamique au sein de l'axe de la Résistance, acteurs non étatiques et parfois listés comme terroristes par les Nations unies.

La République islamique transfère des missiles vers le Hezbollah libanais depuis plusieurs années. Le Hezbollah, aux termes de l'accord qui met un terme à la guerre civile libanaise, aurait dû démanteler son arsenal militaire comme toutes les autres milices (le Hezbollah est la seule milice à ne pas s'être démilitarisée, arguant de son rôle de résistance face à Israël, notamment dans le sud du pays de peuplement chiite, rôle que l'armée régulière était incapable d'endosser). Surtout, la prolifération de missiles est interdite vers les acteurs non étatiques : le Hezbollah, qui est distinct de l'armée régulière libanaise, tombe sous le coup de cette définition.

La stratégie iranienne est à la fois défensive et offensive : elle consiste à sanctuariser son territoire en permettant au Hezbollah de dresser à la frontière avec Israël une force de dissuasion constituée de capacités de roquettes et de missiles. Avec l'augmentation numérique et le perfectionnement au fil des années, ce dispositif peut désormais atteindre de nombreux points du territoire israélien, y compris des centres urbains denses comme Haïfa, près de la frontière libanaise. Par ailleurs, sur le plan offensif, ces capacités ont été mises à contribution lors des confrontations sporadiques qui ont eu lieu entre Israël et le Hezbollah dès 2006, mais aussi depuis le 7-Octobre et, entre les deux, lors de frappes venant en soutien aux actions des groupes palestiniens de Gaza.

Ces missiles et composants de missiles sont livrés *via* un corridor terrestre[1], qui a pu être aménagé par les forces pro-iraniennes en tirant parti de l'avènement du confessionnalisme en Iraq puis de l'implication des milices pro-iraniennes en territoire syrien à la faveur de la guerre civile. Ainsi, le territoire iranien est directement relié au Liban en passant par l'Iraq et la Syrie, où les forces pro-iraniennes contrôlent des points stratégiques permettant la sécurisation des convois, qui sont régulièrement pris pour cibles par les forces israéliennes.

La République islamique a aussi mis en place des réseaux de transfert d'armes vers les Houthis, au Yémen. De tels transferts sont interdits par la résolution 2216 du Conseil de sécurité des Nations unies, relative au conflit au Yémen. Grâce à ces transferts, les Houthis possèdent aujourd'hui des capacités de missiles balistiques et une capacité d'emploi de ces moyens[2]. Ils ont frappé diverses cibles en zones urbaines avec des missiles balistiques : de manière récurrente sur le port de Yanbu en Arabie, ou en plein Abu Dhabi, aux Émirats arabes unis, en janvier 2022. Surtout, depuis le 7-Octobre, ils ont fait une démonstration éclatante des progrès qu'ils ont réalisés grâce aux livraisons ininterrompues de la part de l'Iran. Aujourd'hui, ils sont capables d'arraisonner des navires commerciaux en utilisant des moyens lourds comme des hélicoptères, avec prise en otage des équipages, lancement de missiles de croisière et de missiles balistiques en salves. Ils sont même capables de lancer des missiles jusqu'à la station balnéaire israélienne d'Eilat, située à plus de 1 000 km de la zone d'opérations ordinaire des Houthis, ou de frapper Tel Aviv à l'aide de drones.

---

1. CSIS, « Iran's Threat Network in the Middle East », 2021 ; The Washington Institute, « The Land Corridor to the Levant », 2022.
2. UN Panel of Experts on Yemen, 2020-2023.

Il existe également des soupçons de prolifération de missiles vers la Corée du Nord, en violation de la résolution 2397 du Conseil de sécurité des Nations unies.

Au total, la République islamique viole régulièrement de multiples résolutions du Conseil de sécurité des Nations unies.

Le programme spatial iranien

À toutes ces activités illégales de la République islamique, il faut ajouter les activités spatiales.

L'Iran prétend mener un programme spatial à visée civile et non militaire. Or, les technologies utilisées par les lanceurs spatiaux sont les mêmes que celles qui entrent dans la composition et la mise à feu de missiles intercontinentaux, qui sont par construction des missiles à capacité nucléaire (couramment dénommés ICBM* : *InterContinental Ballistic Missile*).

Pour concevoir un ICBM, il faut posséder des technologies très spécifiques. La poussée nécessaire pour atteindre une portée intercontinentale implique une ingénierie avancée, notamment la maîtrise de moteurs thermiques à très haute intensité couplée à celle de la propulsion solide, plus stable que les combustibles liquides souvent utilisés pour les autres classes de missiles. Or, on utilise pour cela les mêmes technologies que pour les lanceurs spatiaux, qui doivent pouvoir s'appuyer sur des poussées thermiques du même ordre afin de pouvoir sortir de l'atmosphère et établir une orbite stable.

Ainsi, en développant des lanceurs spatiaux et en procédant à leur mise à feu, l'Iran enregistre des progrès irréversibles dans la maîtrise de technologies qui pourront lui servir pour mettre au point des missiles intercontinentaux, par définition les mieux adaptés à l'emport d'une charge nucléaire.

Enfin, il est à noter que, alors que l'Iran s'employait à afficher que le programme spatial était uniquement à visée civile, après plusieurs échecs à différentes étapes du lancement de satellites (mise à feu, séparation des étages, mise en orbite, satellisation), le Corps des Gardiens de la Révolution a annoncé publiquement qu'il avait repris en main le programme de lanceurs spatiaux, rendant caduque la rhétorique du régime selon laquelle le programme serait strictement civil.

Pour aller plus loin

- Anthony H. Cordesman, *Iran's Military Forces*, CSIS, 2007.
- Fabian Hinz, *Iran's Missile Program and Regional Proliferation*, IISS, 2021.
- Uzi Rubin, *Iran's Missile Arsenal and Regional Threat*, BESA Center, 2020.
- Behnam Ben Taleblu, *Iran's Missile Strategy*, FDD, 2022.
- UN Reports on UNSCR 2231, 2016-2023.

CHAPITRE 29

« Certains courants au sein de la République islamique sont pragmatiques et prônent l'apaisement avec les voisins »

La République islamique a toujours affiché une disponibilité au dialogue sur laquelle elle s'est appuyée pour revendiquer un traitement similaire à toute autre nation de la communauté internationale. Or, elle n'en a pas moins poursuivi en parallèle ses activités déstabilisatrices dans la région, de même que ses ingérences et opérations clandestines sur le sol d'États étrangers, jetant par là un doute sur sa bonne foi. En outre, les offres de dialogue n'ont jamais empêché la poursuite, en même temps, de l'escalade rhétorique et des actions de déstabilisation.

Les activités déstabilisatrices ont même pu connaître une recrudescence au moment où le régime affichait justement une disponibilité renouvelée au dialogue.

Dans les premiers mois de la République islamique, l'administration américaine de Carter mise sur Khomeiny comme un rempart contre le communisme, alors que l'Afghanistan voisin vient de tomber aux mains d'un gouvernement prosoviétique, en avril 1978. Deux jours après la Révolution de février 1979, et après avoir noué des contacts discrets avec l'entourage de Khomeiny durant la période de Neauphle-le-Château, Carter déclare qu'il est « prêt à travailler avec les religieux ». Khomeiny, de son côté, cherche un soutien pour lutter contre la guérilla kurde iranienne, dont la férocité et le souvenir de l'éphémère République de Mahâbâd font trembler le régime naissant. La guérilla de Mostafa Barzani est armée et soutenue par les Soviétiques. Il n'en faut pas plus pour que Washington et Téhéran y voient une convergence d'intérêts. Barzani ira jusqu'à déclarer que des avions américains ont participé au pilonnage de ses forces aux côtés des Gardiens de la Révolution.

Or, au même moment, les tensions montent entre les deux pays : une première attaque contre l'ambassade américaine fait un mort parmi les forces de sécurité. Cette attaque est repoussée et n'entame pas les relations au niveau diplomatique d'État à État. Il faut attendre que les étudiants prennent d'assaut l'ambassade américaine et prennent en otage le personnel diplomatique et consulaire pour que les Américains se résolvent à rompre les relations diplomatiques. Durant les premiers mois du régime, la politique suivie par Khomeiny est marquée par un pragmatisme évident, voué à sauver un régime qui doit encore s'enraciner et qui est menacé de l'intérieur comme de l'extérieur. Dans ce pragmatisme, la recherche de soutiens occidentaux, même américains, n'est pas incompatible avec la rhétorique hostile envers le « Grand Satan » américain.

Deuxième moment caractéristique : la présidence de Khatami (1997-2005), considéré comme un modéré, un pragmatique sur lequel les Occidentaux ont fondé des espoirs de réconciliation avec le régime et d'ouverture aux droits de l'homme. Khatami a multiplié les ouvertures publiques en faveur de ce qu'il a théorisé comme un dialogue des civilisations. Or, les deux mandats de Khatami ont coïncidé avec le raidissement le plus tangible de la politique étrangère iranienne après la guerre Iran-Iraq, avec notamment la découverte des sites clandestins de Natanz liés au programme nucléaire iranien. L'AIEA a par ailleurs démontré que l'Iran avait mené des activités nucléaires à visée militaire de manière structurée et coordonnée jusqu'en 2003, c'est-à-dire durant les années Khatami.

Quant à Rohani, conservateur pragmatique, sur lequel l'Occident a également placé des espoirs, il faisait partie de l'équipe de négociation au début de la crise nucléaire en 2003 et avait fait bonne impression aux Occidentaux, qui ont vu en lui un homme de dialogue et capable de compromis. Or, si Rohani a affecté une posture d'ouverture dans les négociations nucléaires par le biais de son ministre des Affaires étrangères Mohammad Javad Zarif, sourire iranien face à l'Occident, il a continué à afficher des positions intransigeantes. Loin de se démarquer de la rhétorique d'Ahmadinejad sur Israël, Rohani a déclaré en 2017 à la tribune des Nations unies qu'Israël était une tumeur cancéreuse, reprenant par la suite à plusieurs reprises cette formule. Rohani a promu une initiative pour la région, intitulée HOPE, qui consistait à tendre une main aux voisins de l'Iran afin de favoriser le dialogue entre pays du golfe Persique. Or, cette initiative n'a été suivie par aucun acteur de la région. Et pour cause : dans le même temps, les Gardiens de la Révolution augmentaient considérablement la pression dans la région et violaient la souveraineté de leurs voisins avec qui ils disaient être prêts à discuter.

Ainsi, en 2019, la même année où Rohani formule HOPE, le Majles décide un doublement du budget militaire, l'Iran augmente les moyens alloués aux Houthis du Yémen contre l'Arabie saoudite, et ceux-ci frappent le territoire saoudien avec des missiles de plus en plus sophistiqués. Les Iraniens lancent également plusieurs missiles balistiques sur le territoire du voisin irakien, et les Gardiens multiplient les opérations d'arraisonnement de navires commerciaux en mer Rouge et dans le Golfe. Enfin, 2019 a vu l'attaque la plus spectaculaire menée par un groupe affidé à la République islamique avant le 7-Octobre : l'attaque par des drones sur les installations pétrolières saoudiennes d'Aramco à Khurais et Abqaiq, occasionnant une baisse de la moitié de la production pétrolière du pays et une baisse des cours de brut de 5 % au niveau mondial.

Enfin, face à l'Europe, les Iraniens affichent une volonté de dialoguer tout en continuant de prendre en otage de ressortissants européens.

De manière générale, la coïncidence de l'ouverture affichée au dialogue et de l'intensification des opérations déstabilisatrices est un pilier de la stratégie iranienne, appuyée sur la multiplication de groupes affidés qui, en revendiquant une prise de décision autonome, offrent à l'Iran un argument plausible lui permettant de se défausser des opérations entreprises localement pour son compte. Au sein de la Mobilisation populaire en Iraq, les groupes armés ont créé de faux groupes dissidents afin de pouvoir nier toute implication dans les actions les plus graves contre les forces américaines tout en conférant aux groupes dont ils sont issus un vernis de modération.

Or, le Guide suprême est seul habilité à trancher les différends entre factions qu'il laisse s'exprimer au sein du régime. Surtout, il est le chef des armées, et les Gardiens lui répondent directement, tout comme l'appareil diplomatique répond au président, qui répond au Guide. Il n'y a pas deux sphères du pouvoir. Par-delà toutes les luttes de factions et les clans qui existent bel et bien au sein des entités du régime, une seule autorité, concentrée dans les mains d'une seule personne, existe en République islamique. L'affichage d'une disponibilité au dialogue, de même que les violations de la souveraineté des voisins qui sapent dans le même temps toute possibilité de dialogue de bonne foi, sont des stratégies qui se déploient concomitamment, toutes deux sous l'égide du même Guide suprême, dont la ligne a toujours été, par-delà les contingences, une ligne civilisationnelle : celle de la Révolution islamique et de l'effort de la nation et de toute la Résistance pour faire advenir la souveraineté de Dieu dans le monde.

Pour aller plus loin

- Hamid Reza Azizi, *Iran's « Look to the East » Policy*, SWP, 2022.
- Ellie Geranmayeh, *Iran's Foreign Policy in Flux*, ECFR, 2023.
- Suzanne Maloney, *Iran's Long Game in the Middle East*, Brookings, 2020.
- Henry Rome, *Hardliners and Realists in Tehran*, Washington Institute, 2021.

Conclusion

CHAPITRE 30

« Ce printemps sera le dernier printemps des mollahs »

Pour conclure, il a semblé indiqué de discuter non pas une idée reçue répandue en Occident, mais une manière de dire proprement persane, qui est devenue depuis de nombreuses années une sorte de proverbe que les Iraniens scandent lors de la nouvelle année, le Nowruz. Chaque année, de nombreux Iraniens émettent dans la discrétion de leurs foyers l'hypothèse que ce sera le dernier Nowruz qu'ils célébreront sous le règne de la République islamique. De nombreux jeunes s'en agacent, soulignant que cela fait des dizaines de printemps qu'on leur répète cela. Sans parler des jeunes qui tiennent leurs parents – qui pour beaucoup ont fait la Révolution – pour responsables de ce que le pays est devenu.

Cette histoire de printemps mérite qu'on s'y arrête. Le Nowruz (littéralement « jour nouveau ») est une fête zoroastrienne, proprement persane, et qu'on ne retrouve aujourd'hui que dans les sociétés proches du monde persan, notamment chez les Kurdes. Arrivant au pouvoir, les khomeynistes ont cherché à effacer ce culte, qui relève à leurs yeux de la *jahiliyya*, de l'ignorance dans laquelle le monde était plongé avant la révélation de l'islam, révélation à la fois divine et définitive, puisqu'elle constitue le « sceau des prophètes » (*khatam al anbiya*, vocable central et omniprésent dans la phraséologie chiite khomeyniste). Les islamistes ont souhaité dès les premiers mois de la

Révolution imposer un calendrier islamique. Cela heurtait les usages les plus ancrés dans la conscience persane. Le calendrier persan est solaire : il démarre le 21 mars, jour de l'équinoxe de printemps, de la renaissance de la vie et de la nature, est divisé en mois de trente jours qui correspondent aux signes zodiacaux et dont les noms sont directement issus de concepts zoroastriens liés à la nature, au cosmos et aux anges. Ses dates sont arrêtées par les plus savants calculs depuis l'époque d'Omar Khayyam, poète et mathématicien génial, irrévérencieux envers les pouvoirs obscurantistes, et dont la mémoire reste un marqueur identitaire structurant de l'imaginaire iranien. En face, le calendrier islamique est lunaire, avec des mois de vingt-huit jours, commençant à l'Hégire, l'émigration ou exil du Prophète de La Mecque vers Médine. Les noms des mois ont des consonances proprement islamiques. Certes, les islamistes ont réussi à imposer de nombreux éléments islamiques contraires aux usages prévalant sous l'empire. Ainsi, alors que la première année du calendrier démarrait avec la première année du règne du premier empereur achéménide Cyrus, au VIe siècle avant notre ère, les khomeynistes ont imposé que la première année soit comptée à l'Hégire. En revanche, ils ont échoué à se débarrasser des mois zoroastriens, et le calendrier est resté solaire, ce qui explique que l'Iran soit la seule nation islamique dont le calendrier est décalé par rapport aux autres calendriers du monde musulman, tous lunaires. De même, ils ont échoué à effacer le culte du Nowruz, profondément ancré dans les consciences, et tout ce qui l'accompagne, en particulier les fêtes du feu (*tchahâr-chambe-souri*), culte zoroastrien d'origine païenne, que les mollahs cherchent tous les ans à interdire, sans succès.

Toute la singularité du régime se résume là : l'Iran s'est donné un régime islamique, qui prétend à l'universalisme islamique, bien au-delà du chiisme, alors même que ce pays, sa population, ses consciences sont profondément imprégnés par des éléments qui sont tout sauf islamiques.

Alors qu'en est-il ? Combien de printemps encore tiendra ce régime, qui était révolutionnaire à ses débuts, mais qui, alors que toute révolution doit parvenir à un terme pour fonder un régime stable, a pour caractéristique d'avoir fondé son identité sur la permanence de ce caractère révolutionnaire jusqu'à aujourd'hui ? La République islamique est-elle définitivement enracinée ? C'est-à-dire enracinée en Iran, et enracinée dans la région ?

Pour répondre à ces interrogations, il ne faut pas hésiter à penser hors cadre, tant les événements se précipitent et sont marqués par l'imprévisibilité, en tout cas par une extrême volatilité. En effet, alors que cet ouvrage a été achevé courant 2024, la situation en juin 2025 est à nouveau complètement différente, pour l'Iran comme pour la région.

Pour ce qui est de la situation intérieure en Iran, alors que les manifestations contre le régime se multiplient et se radicalisent depuis maintenant des décennies – culminant avec le mouvement Femme, Vie, Liberté –, la capacité du régime à tenir sera certainement liée à sa capacité à subvenir aux besoins de sa population. Le régime l'a bien compris et multiplie les offres de négociation sur le nucléaire, qui visent non pas à régler la question, mais à obtenir la levée des sanctions afin d'offrir de l'oxygène à la population. Cela étant, offrir de l'oxygène à la population doit signifier en offrir à *toute* la population, sans négliger les Kurdes, les Baloutches, les Azéris et tous les groupes sociaux considérés par le pouvoir comme périphériques, mais parmi lesquels le mécontentement est prégnant.

Sur le plan extérieur, les choses sont plus complexes. Le 7-Octobre marque une rupture et un changement de paradigme : désormais, Israël ne s'interdit plus rien, y compris les interventions directes sur le territoire iranien et l'élimination de figures majeures de la Résistance, comme Hassan Nasrallah, révéré comme un imam par les fidèles libanais et dont la mort n'aura entraîné aucune conséquence sérieuse pour Israël sur le plan militaire. Israël pousse son avantage en frappant durement les Houthis au Yémen, et procède à des frappes massives sans précédent contre l'Iran, en juin 2025, décapitant l'état-major des Gardiens de la Révolution comme il l'avait fait pour le Hezbollah quelques mois plus tôt. Rien ne semble pouvoir arrêter Israël, qui a entrepris de desserrer l'étau que la Résistance avait entrepris de disposer tout autour de lui.

C'est le paradoxe du 7-Octobre : premier coup d'éclat majeur de la Résistance d'inspiration khomeyniste directement sur le sol du sanctuaire qu'Israël était censé constituer pour le peuple juif, premier pogrom depuis la Shoah, perpétré au cœur même de ce sanctuaire, dans lequel les terroristes du Hamas ont pu circuler librement durant plusieurs heures, cherchant des Juifs pour les massacrer parce que Juifs, le 7-Octobre aura entraîné une réaction en chaîne spectaculaire, qui se poursuit jusqu'en Iran et jusqu'au cœur de la Résistance.

Alors que le Hamas, le Hezbollah, les Pasdaran et tous les mouvements de la *muqâwima* célébraient ce qu'ils prenaient pour une éclatante victoire le 7 octobre 2023, les livres d'histoire retiendront peut-être le 7-Octobre comme le moment qui aura sonné le glas de l'axe de la Résistance. Pire, le 7-Octobre sera peut-être le moment qui aura définitivement enterré la perspective d'un État palestinien. Cela aura été pour les Arabes le prix à payer pour avoir laissé le monopole de la cause palestinienne à l'axe khomeyniste.

Camille Alexandre, le 13 juin 2025

Bibliographie indicative générale

En complément des œuvres et sources citées en notes de bas de page et dans les rubriques « Pour aller plus loin » après chaque idée reçue, le lecteur pourra se référer utilement aux textes suivants.

Ayad, Christophe, *Géopolitique du Hezbollah*, Paris, Presses universitaires de France, 2024.

Baron, Xavier, *Histoire du Liban, des origines à nos jours*, Paris, Tallandier, 2021.

Baron, Xavier, *Histoire de la Syrie, de 1918 à nos jours*, Paris, Tallandier, 2019.

Benraad, Myriam, *L'Irak par-delà toutes les guerres. Idées reçues sur un État en transition*, Paris, Le Cavalier Bleu, coll. « Idées reçues », 2018.

Chelly, Amélie Myriam, *Iran, autopsie du chiisme politique*, préface de Farhad Khosrokhavar, Paris, Éditions du Cerf, 2017.

Djalili, Mohammad-Reza & Kellner, Thierry, *L'Iran en 100 questions. Un pays en mutation*, Paris, Tallandier, 2016.

Khosrokhavar, Farhad, *Comment sortir d'une révolution religieuse : l'exemple de l'Iran*, Paris, Éditions du Seuil, coll. « La couleur des idées », 1999.

Khosrokhavar, Farhad, *L'Utopie sacrifiée. Sociologie de la Révolution iranienne*, Paris, Presses de la Fondation nationale des sciences politiques, 1993.

Louër, Laurence, *Le Chiisme politique au Moyen-Orient : Iran, Irak, Liban*, Paris, Éditions du Seuil, 2008.

Milani, Abbas, *Le Shah. Biographie de Mohammad Reza Pahlavi*, trad. Odile Demange, Paris, Perrin, 2012.

Pahlavi, Pierre-Cyrille & Pahlavi, Christian, *Le Marécage des ayatollahs. Une histoire de la Révolution iranienne*, Paris, Perrin, coll. « Tempus », 2017.

Razoux, Pierre, *La Guerre Iran-Irak*, Paris, Perrin, 2013.

Richard, Yann, *L'Iran de 1800 à nos jours*, Paris, Flammarion, coll. « Champs Histoire », 2009.

Richard, Yann, *L'Iran contemporain*, Paris, Fayard, 2006.
Tripp, Charles, *Histoire de l'Irak contemporain*, Paris, Fayard, 2004.

Sur la pensée de Khomeiny

Khomeiny, Ruhollah, *Ṣaḥīfeh-ye Nūr*, vol. 21. Téhéran, Sāzmān-e Madārek-e Farhangi-ye Enqelāb-e Eslāmi, 1989.
Khomeiny, Ruhollah, *Traité politico-spirituel*, trad. du persan (et de l'arabe classique pour les citations coraniques et religieuses) par Hamid Algar, Paris, Éditions al-Qalam, 2000. (Traduction de Hokūmat-e Eslāmī [1970])
Khomeiny, Ruhollah, *Hokūmat-e Eslāmī : Wilāyat al-Faqīh*, cours prononcés à Najaf en 1970. Reproduit à Téhéran par l'Institut pour la publication des œuvres de l'imam Khomeiny.
CIA, *Khomeinism : the Impact of Theology on Iranian Politics*, Directorate of Intelligence, avril 1986 (en ligne : www.cia.gov/library/readingroom).
Schirazi, Asghar, *The Constitution of Iran : Politics and the State in the Islamic Republic*, Londres, I.B. Tauris, 1997.
Sadjadpour, Karim, *Reading Khamenei : the World View of Iran's Most Powerful Leader*, Washington DC, Carnegie Endowment for International Peace, 2009.
Dabashi, Hamid, *Theology of Discontent : the Ideological Foundations of the Islamic Revolution in Iran*, New Brunswick, Transaction Publishers, 1993.

Sur le nucléaire iranien

Maizland, Lindsay, « What Is the Iran Nuclear Deal ? », Council on Foreign Relations, www.cfr.org.
Wintour, Patrick, « Iran Admits Breach of Nuclear Deal Discovered by UN Inspectorate », *The Guardian*, 4 mars 2020.
« Iran's Nuclear Timetable : the Weapon Potential », Iran Watch, Wisconsin Project on Nuclear Arms Control, www.iranwatch.org.
Henderson, Simon, « Iranian Nuclear Breakout : What It Is and How to Calculate It », The Washington Institute for Near East Policy, mars 2021.
Reuters, « IAEA Report Says Pressing Iran on Enrichment to Near Bomb-Grade », 1er mars 2023.
Al Jazeera, « Iran Denies Enriching Uranium to 84 Percent Purity », 1er mars 2023.
IAEA, *Final Assessment on Past and Present Outstanding Issues Regarding Iran's Nuclear Programme*, GOV/2015/68, 2 décembre 2015, www.iaea.org.
Et tous les rapports de l'AIEA accessibles sur le même site web.

Rapports de référence sur le programme de missiles balistiques iranien

IISS, *Iran's Ballistic Missile Capabilities : a Net Assessment*, Londres, International Institute for Strategic Studies, Strategic Dossier Series, 2021.

Cordesman, Anthony H. & Kendall, Bryan, « Iran's Evolving Missile Threat », CSIS Report, 14 août 2020, www.csis.org.

Sources primaires : textes fondateurs, sermons, fatwas, sites officiels

Constitution de la République islamique d'Iran (1979, amendée en 1989), Téhéran, présidence de la République islamique, 1989, traduction française disponible sur Constitute Project. www.constituteproject.org/constitution/Iran_1989.

Pour la version originale en persan :

جمهوری اسلامی ایران. قانون اساسی جمهوری اسلامی ایران (۱۳۵۸، بازنگری ۱۳۶۸). تهران: دبیرخانه شورای نگهبان، ۱۳۶۸

Accessible en ligne : https://rc.majlis.ir/fa/content/iran_constitution.

Khamenei, Sayyid Ali, Fatwas, sermons et allocutions, disponibles sur le site officiel, en plusieurs langues, https://khamenei.ir.

Hezbollah, « Open Letter to the Downtrodden in Lebanon », 16 février 1985. Reproduit dans Norton, Augustus Richard, *Hezbollah : a Short History*, Princeton, Princeton University Press, 2007, p. 167-170. Texte fondateur du Hezbollah libanais, qui rend publique son existence, traduit en anglais.

Pour la version originale en arabe :

حزب الله. الرسالة المفتوحة إلى المستضعفين في لبنان. بيروت: النشرة الداخلية لحزب الله، ١٦ شباط ١٩٨٥

S'agissant des sermons du secrétaire général Hassan Nasrallah : Nasrallāh, Ḥasan, *Khiṭābāt al-muqāwama* [خطابات المقاومة], Beyrouth, Dār al-Fārābī, 2010.

La charte du Hamas. The Covenant of the Islamic Resistance Movement (Hamas), 1988. Trad. anglaise : The Avalon Project, Yale Law School. https://avalon.law.yale.edu/20th_century/hamas.asp.

Le texte fondateur du mouvement houthi (Ansarollah) : « Le cri face aux arrogants », al-Houthi, Hussein Badreddin, al-Ṣarkha fī Wajh al-Mustakbirīn [الصّرخة في وجه المستكبرين] –. Sa'da : mouvement Ansar Allah, 2002.

S'agissant du texte du Coran :

Le Coran, traduction française du sens de ses versets, trad. Muhammad Hamidullah, Paris, Tawhid, 2000. Pour une approche littérale.

Le Coran : essai de traduction, trad. Jacques Berque, Paris, Albin Michel, coll. « Bibliothèque des intraduisibles », 1990. Pour un essai de fidélité stylistique.

Enfin, on pourra se référer à une version arabe de référence, dite de Médine :

القرآن الكريم. الطبعة الملكية (مجمع الملك فهد لطباعة المصحف الشريف). المدينة المنورة: مجمع الملك فهد

Repères chronologiques

- 550 av. J.-C. (mars) : fondation de l'Empire achéménide par Cyrus II. Conquête rapide de l'Anatolie, de la Mésopotamie, puis de l'Asie centrale. Modèle d'administration impériale et de tolérance religieuse.
- 539 av. J.-C. (octobre) : prise de Babylone. Libération des peuples captifs, dont les Juifs, qui sont autorisés par Cyrus à retourner à Jérusalem et à y reconstruire le Temple.
- 330 av. J.-C. : conquête de l'Iran par Alexandre le Grand ; fin de l'Empire achéménide, même si Alexandre prend soin de s'inscrire dans la continuité des rois achéménides.
- 224 apr. J.-C. (avril) : fondation de l'Empire sassanide par Ardashir Ier. Zoroastrisme promu comme religion d'État.
- 260 (été) : le roi Shapur Ier vainc et capture l'empereur romain Valérien à Édesse – événement symbolique de la grandeur perse face à Rome.
- 637 (mars-avril) : bataille de Qaddisiyya : défaite décisive de l'armée sassanide face aux musulmans du calife 'Umar.
- 638 (printemps) : prise de Ctésiphon, capitale sassanide, par 'Umar. Chute de l'Empire perse zoroastrien, début de l'islamisation en Iran.
- 656 (juin) : assassinat du calife 'Uthmân. Élection d'Ali comme quatrième calife.
- 661 (janvier) : assassinat, alors qu'il est en prière à la mosquée de Koufa, d'Ali, quatrième calife et premier imam pour ceux qui deviendront les chiites, cousin et gendre du Prophète. Le pouvoir passe aux Omeyyades. Les partisans d'Ali (shî'at 'Ali) s'organisent.
- 680 (10 octobre) : bataille de Karbala. Massacre de Hussein, fils d'Ali et troisième imam. Naissance du culte du martyre dans le chiisme.
- 874 : début de la « petite » occultation du douzième imam, Muhammad al-Mahdi.

- 941 : début de la « grande » occultation. Le Mahdi, caché, est censé revenir à la fin des temps pour instaurer un règne de justice.
- 1010 env. : Ferdowsi, Shâh-Nâme, *Le Livre des Rois*. Œuvre majeure fondatrice de l'identité et de la culture iraniennes. Renaissance littéraire et linguistique en réaction à l'arabisation de la langue persane.
- 1501 (juillet) : fondation de la dynastie safavide par Ismaïl Ier, qui impose le chiisme duodécimain comme religion d'État, face aux Ottomans et aux Ouzbeks sunnites.
- 1514 (août) : défaite d'Ismaïl Ier face aux Ottomans à Tchaldiran. Début d'une longue rivalité chiite-sunnite entre Perse et Empire ottoman.
- 1639 (mai) : traité de Qasr-e-Chirin entre les Safavides et les Ottomans. Fixe les frontières entre l'Iran et l'Iraq, encore globalement en vigueur aujourd'hui.
- 1722 : invasion de l'Iran par les tribus afghanes, qui prennent Ispahan.
- 1738 : Nader Shah restaure la grandeur perse en reconquérant le territoire et en lançant une campagne victorieuse contre l'Empire moghol, à l'issue de laquelle il parvient à prendre Delhi.
- 1796 : avènement de la dynastie qadjare.
- 1804-1813 : 1re guerre russo-persane. Traité de Golestan : perte de la Géorgie.
- 1826-1828 : 2e guerre russo-persane. Traité de Turkmantchaï : perte de l'Arménie et de l'Azerbaïdjan ; ouverture des ports iraniens au commerce russe.
- 1848-1896 : règne de Nasseredin Shah Qadjar. Débuts de l'ouverture à l'Occident : chemins de fer, concession à la Banque impériale de Perse (britannique), introduction des ambassades européennes.
- 1906 (août) : révolution constitutionnelle : adoption d'une Constitution et création d'un Parlement (Majles). Début d'une culture politique moderne. Renaissance littéraire.
- 1951 (avril) : nationalisation de l'industrie du pétrole par le gouvernement de Mohammad Mossadegh.
- 1953 (août) : coup d'État orchestré par la CIA et le MI6, renversant Mossadegh. Le Shah, exilé, retourne en Iran et reprend les pleins pouvoirs.
- 1963 (juin) : Khomeiny s'oppose publiquement à la révolution blanche du Shah. Il est exilé à Najaf. Début de son influence islamiste.
- 1970 : rédaction par Khomeiny du traité Hokūmat-e Eslāmī, théorisant le gouvernement du juriste-théologien (*velâyat-e-faqih*).
- 1978 (janvier-décembre) : soulèvement contre le Shah, porté par les religieux, les classes moyennes et les bazaris.
- 16 janvier 1979 : le Shah quitte définitivement l'Iran.
- 1er février 1979 : retour triomphal de Khomeiny à Téhéran. Début de la décade de Fajr (aube), les dix jours marquant l'avènement de la République islamique.
- 11 février 1979 : proclamation de la République islamique, fin officielle de la monarchie.

- 4 novembre 1979 : prise d'otages à l'ambassade américaine. Rupture avec Washington.
- 1979 (décembre) : adoption de la Constitution.
- 1980 (septembre) : invasion irakienne. Début de la guerre Iran-Iraq.
- 1982 (juin) : formation du Hezbollah au Liban, à partir de cellules implantées dans les camps des Gardiens de la Révolution iraniens dans la Bekaa.
- 1983 (octobre) : attentats contre les casernes américaines et françaises de la Force multinationale d'interposition à Beyrouth. Plus de trois cents morts.
- 1988 (juillet) : fin de la guerre Iran-Iraq. Acceptation de la résolution 598 de l'ONU.
- 1988 : début des « assassinats en chaîne », série d'homicides ciblés visant des intellectuels, écrivains, traducteurs, poètes, militants politiques et dissidents.
- 1989 (juin) : mort de Khomeiny. Khamenei devient Guide suprême. Rafsandjani est élu président.
- 1997 (mai) : élection de Mohammad Khatami, perçu comme un réformateur.
- 1999 (juillet) : « Mouvement étudiant » (*jonbesh-e-dâneshjouyi*). Des étudiants protestent contre la fermeture du journal réformateur Salam. Les manifestations s'étendent à plusieurs villes et sont violemment réprimées.
- 2002 (août) : révélations du Conseil national de la Résistance iranienne, coalition de groupes d'opposition en exil, sur les sites nucléaires secrets de Natanz et Arak. Début de la crise nucléaire.
- 2003 (octobre) : suspension temporaire de l'enrichissement suite à un accord avec l'E3 (France, Allemagne, Royaume-Uni).
- 2005 (juin) : élection de Mahmoud Ahmadinejad. Ton belliqueux, reprise de l'enrichissement.
- 2006 (juillet) : sanctions de l'ONU. Révélations sur des programmes de missiles.
- 2009 (juin) : réélection contestée d'Ahmadinejad. Mouvement vert violemment réprimé.
- 2011 (printemps) : intervention en Syrie : soutien au régime d'Assad, en coordination avec Hezbollah et Russie.
- 14 juillet 2015 : signature du JCPOA à Vienne, dont les principales dispositions ont une durée de vie de dix ans, jusqu'à octobre 2025.
- 2 décembre 2015 : rapport de l'AIEA : l'Iran a mené des activités de développement d'arme nucléaire de manière structurée avant 2003.
- Décembre 2017-janvier 2018 : vastes manifestations contre la vie chère et le chômage.
- 8 mai 2018 : retrait unilatéral des États-Unis par l'administration Trump. Réimposition des sanctions secondaires.
- 2019 (juin-septembre) : tensions dans le Golfe, attaques de pétroliers, saisies de tankers.

- 14 septembre 2019 : attaque par drones contre Aramco, en Arabie saoudite. Attribuée aux Houthis soutenus par l'Iran.
- 2019 (novembre) : manifestations d'*Aban*, contre la suppression des subventions sur l'essence, réprimées violemment par les autorités en recourant au black-out d'Internet.
- 2020 (janvier) : élimination de Qassem Soleimani à Bagdad par un drone américain.
- 16 septembre 2022 : mort de Mahsa Amini. Déclenchement du mouvement Femme, Vie, Liberté (*Zan, Zendegi, Azadi*). Répression massive.
- 2023 (été) : multiplication des livraisons de drones à la Russie (Shahed-136).
- 7 octobre 2023 : attaque massive du Hamas contre Israël. Rôle présumé de coordination iranienne *via* le Hezbollah, les Gardiens de la Révolution et les groupes irakiens.
- 2024 (mars) : rapport de l'AIEA concluant à la présence en Iran d'assez d'uranium enrichi pour produire pour plusieurs engins nucléaires explosifs.

Glossaire

Aban : mois du calendrier persan durant lequel se sont produites les manifestations sanglantes de novembre 2019 en Iran.

Accord de garanties généralisées : accord complémentaire signé entre l'AIEA et les États signataires du TNP, qui pose le cadre de vérification de l'usage pacifique du nucléaire.

Al 'amr bil ma'rouf wa an-nahiy an al munkar : litt. « commandement de la vertu et répression du vice » (arabe). Devoir religieux découlant du texte coranique, fondant la répression des comportements déviants.

Alaouisme : branche de l'islam considérée comme appartenant au courant du chiisme, mais distincte du duodécimanisme iranien.

Âqâzâdeh : litt. « fils de » (persan argotique). Désigne les fils ou filles de dignitaires du régime bénéficiant de privilèges économiques et sociaux. Terme fustigeant la pratique consistant pour les dignitaires religieux de la République islamique à réprimer les libertés publiques en Iran tout en envoyant leurs enfants étudier en Occident dans un cadre de vie libre.

Ayatollah : titre dévolu aux grands dignitaires du clergé chiite, souvent détenteurs d'une autorité religieuse et morale. Le terme signifie littéralement « signe de Dieu » (arabe). En Iran, les ayatollahs ont le plus souvent rédigé une thèse de théologie.

***Bassidj*, *bassidji* :** litt. « mobilisation » (persan). Milice paramilitaire affiliée aux Pâsdârân, née durant la guerre Iran-Iraq, mobilisée pour le contrôle social, la répression et les manifestations prorégime.

Bazari : classe marchande traditionnelle, alliée historique du clergé chiite et soutien financier de la Révolution islamique.

***Bonyâd* :** fondations semi-publiques qui gèrent d'énormes ressources économiques au bénéfice du régime.

***Bâtin* :** sens caché ou ésotérique des textes sacrés, concept central dans l'herméneutique chiite, opposé au *zâhir* (« ce qui est apparent »).

Calife : successeur du Prophète dans l'islam sunnite, dirigeant politico-religieux. Rejeté par le chiisme au profit de l'imamat.

***Chari'a* :** loi islamique basée sur le Coran et la Sunna. Elle fonde l'ordre juridique en République islamique.

***Choura-ye-negahbân* :** Conseil des gardiens de la Constitution. Instance de validation des lois et des candidats aux élections.

Da'wa : litt. « appel ou prédication islamique » (arabe). Désigne le parti Da'wa irakien chiite, proche de l'Iran, et qui a fourni de nombreux cadres aux mouvances chiites islamistes dans toute la région.

***Defâ ye moqaddas* :** litt. « défense sacrée » (persan). Terme officiel iranien désignant la guerre Iran-Iraq (1980-1988), perçue comme une guerre sainte de défense et imposée (*tahmili*) de l'extérieur.

Duodécimain : principal courant du chiisme, reconnaissant douze imams légitimes après le Prophète et fondé sur l'attente messianique du retour du douzième imam occulté.

Enqelâb-e-sefid : la « révolution blanche » (persan) du Shah d'Iran. Série de réformes économiques et sociales entamées en 1963, vues comme anti-islamiques par Khomeiny.

Eslâhtalab : litt. « réformateur », ou qui demande des réformes (persan). Courant politique prônant des réformes internes au système islamique, mais sans remise en cause du Guide et du système en tant que tel.

Fatwa : litt. « éclairage » (arabe). Décret religieux émis par une autorité islamique. Dans le chiisme, son autorité dépend du statut du *mojtahed* qui la prononce.

Femme, Vie, Liberté (*Zan, Zendegi, Âzâdi*) : slogan féministe kurde adopté par les manifestantes iraniennes après la mort de Mahsa Amini en 2022. En kurde kurmandji : *Jin, Jiyan, Azadî.*

Fitna : litt. « discorde, division » (arabe). Dans l'histoire islamique, elle désigne les guerres civiles.

Gharbzâdegi : traduit par « occidentalite » (persan). Concept formulé par Jalâl Al-e Ahmad désignant la « contamination par l'Occident », une critique de l'aliénation culturelle des sociétés orientales.

Hachd ach-cha'bi : litt. « mobilisation populaire » (arabe). Coalition de forces irakiennes, milices chiites et autres, alliées de l'Iran et intégrées aux forces de sécurité.

Haram : ce qui est interdit en islam, par opposition à *halal.* Peut désigner une action, une nourriture ou un comportement.

Hassan : deuxième imam chiite, fils d'Ali et frère de Hossein. Connu pour avoir accepté une trêve avec les Omeyyades, symbole de pragmatisme. Fustigé pour cela par les dirigeants khomeynistes.

Hedjâb : voile islamique imposé aux femmes en Iran par la République islamique, symbole de l'islamisation de la société, combattu dès les premiers jours de la Révolution.

Hezbollah : parti politico-militaire chiite libanais fondé en 1982, soutenu et structuré par l'Iran.

Hodjatoleslam : litt. « preuve de l'islam » (arabe). Titre religieux chiite inférieur à celui d'ayatollah, souvent porté par les cadres du clergé moyen.

Hosseynieh : salle de rassemblement dédiée aux cérémonies de deuil chiites en mémoire du martyre de l'imam Hossein, surtout durant le mois de Moharram.

Houthis : mouvement politico-militaire zaïdite du Yémen, soutenu par l'Iran, contre la coalition saoudienne.

HTC : Hay'at Tahrir al-Cham (Mouvement de libération du Levant). Au pouvoir à Damas depuis la chute du régime Assad.

ICBM : *InterContinental Ballistic Missile*. Missile balistique de très longue portée, dont la fabrication met à profit des compétences et technologies également nécessaires pour développer des lanceurs spatiaux. Un ICBM est par définition nucléarisable.

Imam : litt. « qui se tient devant » (arabe). Dans le chiisme, successeur légitime du Prophète, détenteur de l'autorité spirituelle et politique. Le chiisme duodécimain reconnaît douze imams.

Jafarisme : nom du droit chiite duodécimain, fondé sur l'enseignement du sixième imam, Ja'far al-Sâdiq.

JCPOA : *Joint Comprehensive Plan of Action*. Accord nucléaire de 2015 entre l'Iran et les grandes puissances du P5+1.

Komiteh : comités révolutionnaires formés après 1979 pour faire régner l'ordre islamique, remplacés ensuite par les forces régulières.

IRGC : Islamic Revolutionary Guard Corps. Nom anglais des *Pâsdârân e enqelâb e eslâmi* (litt. « Gardiens de la Révolution islamique »), force idéologique du régime iranien, parallèle à l'armée régulière (*Artesh*), qui n'a pas été démantelée.

Ma'soum : litt. « pur, infaillible » (arabe). Qualifie les imams chiites comme infaillibles, à l'abri du péché et de l'erreur, dotés d'une autorité spirituelle suprême.

Madjma'-e-tachkhis-e-maslahat-e-nezâm : Conseil de discernement de l'intérêt supérieur du régime. Organe consultatif du Guide pour arbitrer les différends institutionnels, et qui sert en pratique au Guide suprême à faire prévaloir la raison d'État sur les normes islamiques quand il le juge nécessaire.

Maghnâ'e : coiffe islamique couvrant le cou et la tête, portée dans les institutions publiques iraniennes, notamment les écoles.

Majles-e-choura-ye-eslâmi : Parlement iranien composé de deux cent quatre-vingt-dix membres élus au suffrage universel, mais dont les candidats sont filtrés par le Conseil des gardiens.

Majles-e-khobregân : Assemblée des experts, chargée de nommer et éventuellement de démettre le Guide suprême. Composée de religieux élus.

Marja' : litt. « source » (arabe). Autorité religieuse suprême en chiisme, source d'imitation (*taqlid*) pour les fidèles. Tout fidèle chiite est en théorie libre de choisir le *marja'* qu'il souhaite et de suivre ses directives dans la vie quotidienne.

Martyr : *shahid*, litt. « celui qui témoigne » (arabe). Dans le contexte chiite, un martyr est une personne morte pour la foi ou la cause de l'islam, particulièrement glorifiée dans la rhétorique révolutionnaire iranienne.

Miyân-e-ro : litt. « modérés » (persan). Terme flou désignant ceux qui ne s'alignent ni sur les ultras ni sur les réformateurs.

Mojtahed : docteur de la loi islamique capable de faire l'effort de réflexion nécessaire (ijtihad, de la même racine que djihad) pour pouvoir émettre des interprétations juridiques. Statut clé en chiisme.

Mostaz'afin : litt. « opprimés, déshérités » (arabe). Notion coranique réutilisée par Khomeiny pour désigner les masses populaires révolutionnaires, qu'elles soient iraniennes, arabes ou même occidentales.

Moudjahidines du peuple : organisation politico-militaire iranienne opposée au régime islamique, anciennement marxiste-islamiste, désormais en exil, considérée comme terroriste par l'Iran.

Mouvement vert (*jonbesh e sabz*) : mouvement de contestation post-électoral de 2009, dénonçant la fraude massive ayant abouti à la réélection du président Ahmadinejad, et revendiquant des réformes politiques.

MTCR : *Missile Technology Control Regime*. Régime international visant à limiter la prolifération de missiles balistiques.

Mustakbarin : terme coranique désignant les « arrogants », littéralement « ceux qui se font plus grands (*kabir*) qu'ils ne le sont ». Souvent utilisé dans la rhétorique révolutionnaire pour désigner les oppresseurs impérialistes non seulement d'Occident, mais aussi soviétiques dans les débuts du khomeynisme.

Nabi : prophète dans l'islam, chargé de transmettre la parole divine. Moins central dans le chiisme que les imams.

Nass : désignation explicite d'un imam par son prédécesseur. Fondement de la légitimité de l'imamat dans le chiisme duodécimain, par laquelle le nouvel imam recueille les clés de l'interprétation ésotérique du texte coranique.

Nofouz **:** litt. « influence, infiltration » (persan). Terme désignant l'infiltration ou l'influence étrangère pernicieuse, souvent utilisé pour accuser des opposants ou dénoncer l'espionnage. Thème central de la rhétorique révolutionnaire iranienne.

Occultation : dans le chiisme duodécimain, désigne l'absence mystique du douzième imam, qui a disparu aux yeux des profanes sans pour autant quitter ce monde, et qui reviendra à la fin des temps pour instaurer une ère de justice.

Osouli **:** litt. « qui suit les principes » (persan). Courant majoritaire du chiisme duodécimain, basé sur l'ijtihad et l'autorité du *mojtahed.*

Osulgerâyân **:** litt. « principalistes » (persan). Courant conservateur attaché aux principes fondateurs de la Révolution islamique.

Parousie : retour eschatologique de l'imam caché, équivalent du Mahdi attendu dans l'eschatologie chiite.

Parti de la République islamique : parti politique clérical dominant dans les premières années de la République islamique, dissous en 1987 après des luttes internes.

Qaddissiyya : bataille fondatrice de l'islam contre la Perse sassanide. Réactivée par Saddam Hussein dans sa propagande antichiite.

Qadjar : dynastie régnant sur l'Iran de 1794 à 1925, marquée par l'affaiblissement de l'État et les concessions coloniales.

Ra'is-e-jomhouri-ye-eslâmi **:** président de la République islamique d'Iran. Deuxième personnage de l'État, subordonné au Guide suprême.

Résistance, ***muqâwima*** (arabe), ***maqâvemat*** (persan) **:** alliance informelle regroupant des mouvements (chiites, sunnites et autres) coordonnés par l'Iran (Hezbollah, Hamas, Jihad islamique, Houthis...). La Résistance revêt tant une forte résonance religieuse, en tant que résistance des « déshérités » aux « arrogants » et notamment à l'Occident, que géopolitique, en tant que résistance à l'occupation israélienne, les deux se confondant largement.

Salafisme : courant rigoriste de l'islam sunnite, opposé théologiquement au chiisme et parfois radicalisé dans le djihadisme. Vient de *salaf*, les « pieux ancêtres », qui désigne le plus souvent les premiers compagnons du Prophète avant l'instauration de l'institution califale.

Sepâh-e-dânesh **:** litt. « armée de la connaissance » (persan). Programme d'alphabétisation du régime du Shah visant les campagnes.

Shirazistes : courant islamiste chiite radical inspiré de Mohammad Shirazi, qui finit par s'opposer à Khomeiny, mais également révolutionnaire.

Tâghût **:** litt. « celui qui dépasse la juste mesure », ou encore « idolâtre ». Terme coranique désignant les tyrans et les pouvoirs injustes, utilisé par les islamistes pour désigner les régimes impies ou oppresseurs. Dans le jargon khomeyniste, péché grave qui contrevient directement au dogme central de l'islam, l'unicité divine (*tawhid*), et qui est la marque de l'Occident décadent et des « arrogants » (*mustakbarin*).

Tawhid **:** unicité divine, principe fondamental de la foi musulmane.

Temps de ***break-out*** **:** durée nécessaire à un État pour produire suffisamment de matière fissile pour une bombe nucléaire.

Umma **:** communauté des croyants musulmans dans son ensemble, sans distinction de nationalité.

Uranium-métal : matériau utilisé pour fabriquer le cœur d'un engin nucléaire. N'a aucune autre justification possible que d'ordre militaire.

Vakil **:** litt. « agent » ou « avocat » (persan). Représentant légal ou religieux, agent d'un marja' ou du Guide dans les affaires administratives ou religieuses.

Vali **:** terme arabe signifiant « protecteur », « gouverneur » ou « ami ». En Iran, il renvoie au *Vali-ye Faqih*, le Guide suprême du régime islamique. Ali, premier imam et le plus proche compagnon du Prophète dans le dogme chiite, est le *vali* par excellence (*vali Allah*).

Velâyat-e-faqih **:** doctrine chiite théorisée par Khomeiny, affirmant que le pouvoir politique doit être exercé par un juriste-théologien (*faqih*), central dans le système iranien post-1979.

Waqf **:** fondation pieuse en droit islamique, bien inaliénable affecté à des œuvres religieuses, éducatives ou caritatives.

Index

7-Octobre : 9, 159, 176, 179-182, 186-187, 210, 215, 222

Aban : 53-54, 58, 75-76, 231
Abdallah II : 155
Abu Dhabi : 177, 210
Accord de garanties généralisées : 141
acquisition : 87
Ahmadinejad : 45-46, 49, 51, 96, 167-168, 215, 236
Ahvaz : 193
AIEA : 68, 81-85, 93, 95-99, 102, 105, 117, 124, 129-130, 139-142, 214, 231
al-Mahdi : 27
alaouisme : 157
Ali : 26-28, 65, 233, 239
Ali Shariati : 14
Alinejad : 194
Amal : 158, 172
âqâzâdeh : 75
Arabie saoudite : 146, 182, 197, 199, 215
Arak : 84, 107, 128
Aramco : 71, 215
Arrogants : 154, 238
Assad : 152, 157, 174, 198, 234
Assadi : 195
Autorité palestinienne : 160, 176
ayatollah : 8
Azerbaïdjan : 78, 148

Bab-el-Mandeb : 71, 177, 180
Babyliyyoun : 157
Badr : 174
Bahreïn : 160, 177
Bakhtiar : 192
Baloutchistan : 19, 53, 78
Bani-Sadr : 19
Barzani : 214
Bassidj : 54, 74, 232
Bazargan : 17, 19, 191
bazari : 43
Beheshti : 19
Bekaa : 172, 174-175
Beyrouth : 178, 193
bin Salman : 198
bonyâd : 74
break-out : 90, 97-98, 104, 111, 238

Carter : 213
centrifugeuses : 84, 89-90, 93, 97, 102, 104, 127-130
chari'a : 38, 146

Chemirane : 172
Chine : 101, 129, 147-149, 159, 198, 206
conclusion élargie : 82-83
Conseil suprême de sécurité nationale : 64, 68
Constitution : 26, 32, 35-38, 62-63, 73, 123, 148, 151, 201, 232
Coran : 22, 28, 31, 55, 74, 121, 146, 164, 181, 201, 232
Corée du Nord : 205
Cyrus : 220

Da'wa : 154, 156, 172-173, 232
Daech : 71, 119, 157, 173, 178
defâ ye moqaddas : 23
djihad : 182, 236
Drakkar : 193
dualité : 39, 67, 69, 72

E'temâd : 59
E3 : 126, 133-135
Eilat : 177, 210
enqelâb-e-sefid : 21
enrichissement : 68-69, 84-85, 89-90, 96-99, 102, 104-105, 107, 127
« entité sioniste » : 160, 170
Ezzeddin al Qassam : 175

Fadhlollah : 156
fatwa : 115-123, 173
Femme, Vie, Liberté : 46, 55, 58, 78, 194, 221, 233
fiqh : 31
fitna : 151
Fordo : 85, 102, 128-129
Frères musulmans : 16, 42, 175, 202-203

Gaza : 175-176, 179-180, 183, 185, 210
ghaliboun : 181
gharbzâdegi : 16
Gouvernement islamique : 25-26
guerre froide : 81, 145, 147, 202
guerre imposée : 117
Guidance : 37-40, 44, 52, 54, 58, 63-66, 117
Guide suprême : 8, 195, 239

Hachd : 70, 157, 192, 233
Hamas : 7, 9, 158-160, 163, 175-176, 179, 183, 203, 222, 238
Hamshahri : 59
Hassan : 60, 65, 156, 170, 221, 233
hedjâb : 22, 55-56, 58
Hermel : 174-175
Hezbollah : 8, 70-71, 77, 154-158, 160, 172-174, 176-180, 185, 192-193, 199, 203, 209, 221-222, 234, 238
hezbollahi : 181-182
hodjatoleslam : 63
HOPE (*Hormuz Peace Endeavor*) : 72
Hossein : 15, 45, 64, 168
Houthis : 69, 71, 157, 176-177, 180, 185, 198, 210, 215, 221, 234, 238
HTC : 158, 234
Hussein : 60, 116, 145, 151, 160, 164, 173, 193, 237

Ibn Taymiyya : 16
Instex : 135-137
intérêt supérieur du régime : 38, 62, 123
Irân : 59
Iraq : 15, 18-19, 22-23, 43, 46, 58, 61-62, 64-65, 70, 74, 77, 116-117, 120, 123, 145, 151, 154, 156, 158, 160, 164-166, 172-174, 179, 186, 191-194, 206-207, 210, 214, 216, 232
IRGC : 168-169

Israël : 163-169, 172, 174, 176, 180, 182, 187, 193, 199, 206

Ja'far al-Sâdiq : 152
Jabel Amil : 156
Jalâl Al-e Ahmad : 14-15, 17
Jannati : 58
JCPOA : 52, 84, 88, 95, 97-99, 101-108, 111, 115, 125-126, 128-131, 133, 135-136, 139-140, 168, 190, 193, 197-198, 208, 234
Jérusalem : 164, 166-167
Jihad islamique : 158-160, 175, 179, 238

Karbala : 15, 156, 164, 166, 203
Karoubi : 43, 45-46
Keyhân : 59
Khalkhali : 42
Khamenei : 16, 39, 44-45, 50, 62-64, 116-118, 120-122, 124, 149, 155-157, 169-170, 173, 175, 177, 180, 201
Khatami : 37, 43-46, 49-50, 53-54, 68, 166-167, 214
khatt-e-emâm : 191
Khayyam : 220
Khomeiny : 13, 16-22, 25-26, 30-31, 33, 35-36, 38, 43-45, 50, 58, 62, 64, 116-117, 120, 123, 145-146, 152-153, 155, 158, 163, 165-168, 170, 173, 175, 177, 182, 191, 201-203, 213-214, 224, 233, 236, 238-239
khomeynisme : 9, 16, 18-20, 22-23, 25, 27, 30, 35, 75, 78, 145-147, 153, 156, 159, 176, 181, 201-203, 236
Khorasan : 30
Khuzestân : 75, 78, 194
komiteh : 21-22
Koweït : 177
Kurdes : 19, 219, 221
Kurdistan : 18, 116, 148, 192

La Mecque : 164, 198, 220
less for less : 106, 126

ma'soum : 27
Madjma'-e-tachkhis-e-maslahat-e-nezâm : 38, 235
maghnâ'e : 22
Majles-e-choura-ye-eslâmi : 36, 235
majles-e-khobregân : 36
Marg bar Israel : 167
marja' : 33, 63, 116, 155-156, 175, 235, 239
marja'iyya : 173, 177
martyr : 15, 46, 74, 77, 235
martyre : 61, 159-160, 181, 234
Médine : 164, 176, 220
mer Rouge : 177, 185, 215
mi'raj : 164
militarisation : 88
missiles balistiques : 70-71, 88, 100, 177, 186, 205-208, 210, 215, 236
miyân-e-ro : 57
Mohtachemipour : 172
Mojtaba Khamenei : 64
mojtahed : 29
Montazeri : 19
Moqtada al-Sadr : 156
Moshe Katzav : 166
mosquée Al-Aqsa : 164
Mossadegh : 17
Mossoul : 157, 173
mostaz'afin : 74, 78, 152-154, 159, 181
Moudjahidines du peuple : 18, 194, 236
mouflihoun : 181
Moussa Sadr : 172
Mouvement vert : 45, 49, 53-55, 75, 103, 191, 236

MTCR : 92, 236
muqâwima : 238

Najaf : 31, 156, 164, 173, 177, 203
namâyande : 39, 65
Nasrallah : 156, 175, 180, 221
nass : 28-29, 31
Nassirzadeh : 169
Natanz : 84-85, 102, 129, 141, 214
Neauphle-le-Château : 19-20, 35, 151, 213
nofouz : 16, 147
Nowruz : 219

Obama : 51, 102-103, 105, 109, 118
occultation : 30
OLP : 165, 172
Ormuz : 190
osulgerâyân : 57
Ottomans : 30
Ourmieh : 76

Pahlavi : 21
Palestine : 154, 158, 163-164, 168, 171, 179, 187, 203
Pâsdârân : 39, 157, 232, 235
plutonium : 88, 107, 129
pouvoir judiciaire : 64, 194
principaliste : 57
Prophète : 16, 26-28, 153, 164, 220, 232, 234, 236, 239
proxies : 70-71, 186, 199

Qaani : 178, 180
Qaddissiyya : 151, 237
Qadjar : 30, 237
Qalamoun : 175
Qods : 70, 76, 166, 168, 178, 180
Qom : 20-21, 31
Qotbzâdeh : 19
quiétisme : 29, 203
Qusayr : 175
Qutb : 16-17, 201

ra'is-e-jomhouri-ye-eslâmi : 36
Rafsandjani : 43-44, 62-63, 166
Raissi : 37, 54, 58, 64, 108, 129
réformateur : 37, 41-46, 49, 51, 57, 166-167
Résistance : 181, 238
Révolution : 13, 15-19, 21-22, 26-27, 32-33, 42, 45, 49, 61, 116, 146, 151, 153-154, 158-159, 165, 170-171, 173, 175, 219-221, 234
Rezâ'ei : 58
Rohani : 49, 51-54, 57-58, 60-61, 64-65, 67-69, 108, 128-129, 167-168, 214-215
Russie : 101, 147-148, 159, 205

Sadate : 203
Sadr City : 77
Safavides : 29, 31, 156
Salami : 168
Saoud : 164, 199
Sartre : 14
sepâh-e-dânesh : 21
seuil : 112
Shah : 13-17, 20-21, 23, 25, 29, 37, 74, 82, 145, 151, 189, 192-193, 195, 202-203, 207, 233, 238
Shamkhani : 65
Shariati : 14, 17
Shariatmâdari : 19
shirazistes : 173, 177, 191
Sinouar : 176
Sistani : 156-157, 173
Soleimani : 76, 178, 180, 207
Syrie : 93, 151, 157, 172, 174, 179, 198, 210

Ta'eb : 64
tâghût : 203
tawhid : 157-158, 238

tchahâr-chambe-souri : 220
TNP : 81, 83, 85, 98-99, 101, 139, 231
« tumeur cancéreuse » : 163, 166

Union européenne : 105, 126, 133-135, 194
Union soviétique : 19
uranium : 68-69, 83-85, 87-91, 93, 97, 99, 104-105, 107-108, 115, 127-130, 140, 193
uranium-métal : 91, 99, 108, 115, 130

vali : 26-31, 36, 39, 62, 239
Vatan-e-Emrooz : 59
vectorisation : 88
velâyat-e-faqih : 20, 25, 27, 30-33, 63, 122, 156, 158-159, 180, 202

Yémen : 71, 157, 176, 198, 210, 215, 221, 234

Zarif : 65, 68-69, 129, 169, 215
Zayandeh Roud : 76
Zolnour : 61, 128

Table

INTRODUCTION – « Depuis quarante ans, tout a été dit sur la République islamique d'Iran, qui est maintenant bien connue des spécialistes »................. 7

PREMIÈRE PARTIE

Le régime de la République islamique : fondements, système institutionnel et fonctionnement

CHAPITRE 1 – « La Révolution de 1979 n'est pas qu'islamique, c'est un vaste mouvement populaire contre le Shah » 13

Les ferments révolutionnaires : convergence dans le rejet du Shah, primauté du rejet de la modernité occidentale, solution islamique.... 14

Le clergé khomeyniste au pouvoir : confiscation de la Révolution et liquidation des oppositions.. 17

Le khomeynisme en actes : l'islamisation des normes sociales avant même l'instauration du nouveau régime.. 20

CHAPITRE 2 – « L'Iran n'est pas vraiment une théocratie ».... 25

La souveraineté de Dieu.. 25

La velâyat.. 27

La doctrine de la velâyat-e-faqih *: la rupture khomeyniste* 30
L'eschatologie « à l'aube du XVe *siècle de l'Hégire »* 32

CHAPITRE 3 – « Le système politique iranien allie légitimité théocratique et légitimité démocratique » 35
Un système islamique totalisant 35
La structure institutionnelle de la République islamique : l'asymétrie au détriment de toute expression du peuple hors des principes islamiques 37
L'intensification progressive du verrouillage par les instances non élues 38

CHAPITRE 4 – « Il existe une tendance réformatrice en Iran qui est le fer de lance de la libéralisation des mœurs » 41
Ce que réformateur veut dire 41
La neutralisation du courant dit réformateur 43

CHAPITRE 5 – « La vie politique iranienne est faite d'alternances entre périodes de raidissement et d'ouverture » 49
Les espoirs suscités par Khatami et Rohani 49
L'ouverture de Khatami : une posture démentie par les faits 50
L'ouverture du mandat Rohani I : un malentendu 51
Rohani II : la répression enterre à nouveau les espoirs d'ouverture 52
Femme, Vie, Liberté 55

CHAPITRE 6 – « Le fonctionnement de la République islamique est dual, et résulte de compromis entre les ultras et les pragmatiques, qui sont plus ouverts »..... 57
Principalistes et modérés 57
La pluralité strictement encadrée du débat public et de la presse politique 59
Le Guide suprême, autorité suprême et absolue du régime 61
Le bureau de la Guidance et les institutions au service de l'exercice du pouvoir absolu du Guide suprême 63

CHAPITRE 7 – « L'Iran est disposé au dialogue avec l'Occident, ce sont les Occidentaux qui sont de mauvaise foi » 67

L'art de la dualité 67

Les proxies, *source de la capacité de déni plausible des activités déstabilisatrices iraniennes dans la région* 70

CHAPITRE 8 – « Le régime de la République islamique correspond aux souhaits du peuple, dont une partie substantielle le soutient » 73

La promesse khomeyniste 73

L'échec du khomeynisme 75

L'échec du chiisme politique dans la région 77

DEUXIÈME PARTIE

La crise nucléaire iranienne

CHAPITRE 9 – « L'Iran a droit à l'énergie nucléaire, comme tout État » 81

Le cadre juridique fondamental : le TNP 81

La conclusion élargie 82

La crise nucléaire iranienne, née de la dissimulation du programme iranien 83

CHAPITRE 10 – « L'Iran n'a pas de programme nucléaire militaire » 87

Les étapes en vue de la mise au point et de la production d'un engin nucléaire explosif 87

Acquisition 88

Militarisation 91

Vectorisation 91

Programme militaire ; activités à visée militaire ; activités n'ayant d'autre justification possible que d'ordre militaire 92

CHAPITRE 11 – « L'Iran n'a jamais mené d'activités nucléaires à visée militaire » 95
Le rapport de l'AIEA de décembre 2015 95
Explosion de la quantité de matière et de son degré d'enrichissement en dehors de toute justification civile crédible 96
Entraves aux inspections 98
Activités de militarisation interdites 99

CHAPITRE 12 – « Le JCPOA assurait que l'Iran n'avait pas de programme militaire » 101
Ce qu'est le JCPOA 101
Le JCPOA : pari géopolitique des puissances occidentales 102
Teneur et portée des engagements 104
Les premiers mois de mise en œuvre de l'accord, durant la fin du mandat d'Obama 105
La politique iranienne de less for less *sous le mandat de Trump : sortie des engagements du JCPOA calibrée pour ne pas susciter de crise* 106

CHAPITRE 13 – « L'Iran ne veut pas la bombe, il veut "être au seuil" » 111

CHAPITRE 14 – « Il y a une fatwa qui interdit l'arme nucléaire » 115
Qu'est-ce qu'une fatwa ? 116
La « fatwa sur le nucléaire » : de quoi parle-t-on ? 116
En résumé 120
Comment interpréter tous ces éléments, au vu de l'usage qu'en font les autorités iraniennes ? 122

CHAPITRE 15 – « L'Iran a toujours respecté ses engagements alors même que Trump était sorti de l'accord nucléaire ; l'Iran a fait preuve de patience stratégique » 125
8 mai 2018 : sortie américaine du JCPOA, patience stratégique iranienne 125
8 mai 2019 : l'entrée dans le less for less 126
La loi du 2 décembre 2020 128

Élection de Biden, élection de Raissi : le programme nucléaire en roue libre 129

CHAPITRE 16 – « Les Européens n'ont rien fait pour compenser le retour des sanctions américaines » 133

CHAPITRE 17 – « L'AIEA a certifié que l'Iran a tenu ses engagements » 139

Le rôle de l'AIEA 139

La question des garanties et des entraves iraniennes au travail de l'Agence 140

TROISIÈME PARTIE

La politique étrangère de la République islamique

CHAPITRE 18 – « La politique étrangère iranienne est fondamentalement non alignée » 145

Le khomeynisme durant la guerre froide : l'islam n'est pas une troisième voie, c'est la seule voie 145

Le khomeynisme après la guerre froide : l'antioccidentalisme 147

CHAPITRE 19 – « La République islamique veut être le leader du monde chiite » 151

La Révolution n'est pas chiite, elle est islamique 151

Mustakbarin, mostaz'afin 152

CHAPITRE 20 – « L'axe de la Résistance mis en place par l'Iran est un axe chiite » 155

CHAPITRE 21 – « L'affrontement contre Israël n'est que rhétorique, l'Iran ne veut pas vraiment détruire Israël » 163

La disparition d'Israël au cœur du projet de Révolution porté par Khomeiny 163

La radicalisation de la rhétorique antisioniste iranienne 165

La montée en puissance d'une rhétorique visant la destruction d'Israël 168

CHAPITRE 22 – « L'Iran n'a aucun intérêt à réellement détruire Israël, qui est le "meilleur ennemi de la République islamique" » 171

Au Liban 171
En Iraq 173
En Syrie 174
À Gaza et en Cisjordanie 175
Au Yémen 176
La coordination des mouvements par Téhéran 177

CHAPITRE 23 – « La République islamique n'est pas impliquée dans le 7-Octobre » 179

CHAPITRE 24 – « L'Iran ne veut pas de guerre dans la région » 185

Les calculs stratégiques iraniens 185
La République islamique face à la perspective d'une guerre ouverte avec l'entité sioniste 187

CHAPITRE 25 – « L'Iran est un État comme les autres, qui doit avoir les mêmes droits que les autres puissances dans la région, et notamment celui d'affirmer une hégémonie qui correspond à son poids politique et à son rôle historique » 189

La continuité juridique entre le régime du Shah et celui de la République islamique 189
Les violations du droit international au fondement de l'identité de la République islamique 190
Le terrorisme d'État 192
Recrudescence des pratiques iraniennes subversives et contraires au droit international 193

CHAPITRE 26 – « L'Iran et l'Arabie saoudite se sont réconciliés, preuve que l'Iran n'est pas une menace » 197

CHAPITRE 27 – « L'Iran professe un islamisme chiite irréductible avec le sunnisme ; le chiisme de l'Iran est plus tolérant que le sunnisme » 201
Le khomeynisme est un islamisme eschatologique 201
Le khomeynisme est un universalisme 202

CHAPITRE 28 – « L'Iran a un programme de missiles conçu uniquement pour sa dissuasion, qui ne fait que compenser sa faiblesse stratégique » 205
L'arsenal de missiles iraniens 205
L'emploi en situation réelle 206
L'interdiction onusienne 208
La prolifération de missiles dans la région au profit de groupes non étatiques 209
Le programme spatial iranien 211

CHAPITRE 29 – « Certains courants au sein de la République islamique sont pragmatiques et prônent l'apaisement avec les voisins » 213

Conclusion

CHAPITRE 30 – « Ce printemps sera le dernier printemps des mollahs » 219

Bibliographie indicative générale 223
Repères chronologiques 227
Glossaire 231
Index 241

DU MÊME AUTEUR

Le Proche-Orient iranien.

*Cet ouvrage a été imprimé sur du papier
dont les fibres de bois proviennent
de forêts durablement gérées*

IMPRIM'VERT®

Cet ouvrage a été composé
en Adobe Garamond Pro
par Nord Compo
à Villeneuve-d'Ascq (Nord).

Cet ouvrage a été achevé d'imprimer
sur Roto-Page
par l'Imprimerie Floch à Mayenne
en août 2025

N° d'édition : 4150-1391-X – N° d'impression : 107496
Dépôt légal : septembre 2025

Imprimé en France